Petra Eimer

Petra Eimer

Geburtstage mit Juli

FÜR PAUL

(UND JULI)

Inhaltsverzeichnis

DAS
BIN ICH:
Paul

Und das sind: mein bester Freund
Max
Meine Nachbarin
(und Freundin)
Anna
&
Juli
Mein Pferd

ZUSAMMEN SIND WIR:

Die Tierischen Vier!

Prolog

Wir sitzen im Hauptquartier, und ich male ein Geschenk **für Max.**

Max ist mein bester Freund, und er hat morgen Geburtstag.

„**MEEEGA!**“, ruft Anna begeistert und deutet auf meine Zeichnung. „Nur Blacky fehlt noch!“

Juli wiehert zustimmend, und ich nicke, während ich bereits einen weiteren Pferderücken auf das Blatt zeichne.

Anna sieht erst das Bild und dann mich bewundernd an. Ich werde ein wenig rot.
Eigentlich ist Anna diejenige, die am besten Pferde malen kann, aber ich habe schon einiges von ihr gelernt.

Anna ist meine Nachbarin und (genauso wie Juli und Max) Mitglied unserer Bande.

DIE TIERISCHEN VIER

haben wir uns genannt.

Wir haben ein eigenes Logo
(das hat Anna gemalt)

und ein Bandenhauptquartier
(hier im Garten).

„Was meinst **DU** zu dem Bild?", frage ich und sehe Juli an, die nun ganz tief seufzt und ihren Kopf auf Annas Schulter ablegt.

Anna stöhnt und geht unter dem Gewicht sofort in die Knie.

„Juli ist wirklich **GANZ** schön anhänglich in der letzten Zeit!", murmelt Anna, und ich nicke.
Das ist nun **WIRKLICH** keine große Neuigkeit!

Juli ist IMMER anhänglich!

Man muss ja nur mal daran denken, wie sie zu uns gekommen ist:
Damals ist sie einfach so in unseren Garten marschiert und hat sich bei uns eingenistet, weil ihr früherer Besitzer (Herr Hoppe) ein paar Tage im Krankenhaus war.
Ich meine:

Welches Pferd **MACHT** denn so was?!

„Juli ist doch IMMER anhänglich", sage ich deshalb, und Anna legt den Kopf schief.
„Ich weiß", sagt sie, „aber irgendwas ist anders, seit wir von der Nordsee zurück sind … Vielleicht vermisst sie Blacky."

„… das Monster", ergänze ich und spreche dabei das Wort MONSTER so gruselig aus wie nur möglich.
Juli seufzt noch einmal tief, und Anna stimmt mit ein.

Ich weiß, dass sie Julis kleinen schwarzen Freund mindestens genauso sehr vermisst wie Juli selbst. Schließlich war Blacky Annas Ferienpony.

Anna, Max, Juli und ich waren nämlich in den letzten Sommerferien zusammen auf einem Ponyhof. Direkt am Meer. Und das war mit Abstand ...

Der beste Urlaub aller Zeiten!

murmelt Anna, so als hätte sie meine Gedanken gelesen, und ich sage:

LEGENDÄR!

„Aber wisst ihr, was **NOCH** legendärer wird?"
(Dramatische Pause)

Meine **GEBURTSTAGSPARTY!**

Juli atmet heftig aus, und auch Anna schnaubt.

„Also **ICH** wüsste etwas, das **NOCH** legendärer wäre …", meint sie.

Ich sehe Anna fragend an.

„… wenn du zur Abwechslung auch mal an etwas anderes denken würdest als immer nur an deine Geburtstagsparty. Seit Wochen sprichst du von **NICHTS** anderem mehr! Vielleicht können wir uns ja heute ausnahmsweise mal auf den Geburtstag von **MAX** konzentrieren?"

Wie auf ein Stichwort wiehert Juli plötzlich schrill, und keine Sekunde später taucht Max auch schon hinter ihr auf.

ruft er.

„Na, was macht ihr so?"

„Nichts, nichts!“, sage ich schnell und lasse die Zeichnung für Max unter meinem Notizbuch verschwinden. „Und was machst **DU** hier?! Wolltest du nicht Kuchen backen?“

„Doch, ja“, antwortet Max und zieht eine Packung Kekse aus seiner Tasche, „aber Mama hat mich weggeschickt, weil sie noch eine **ÜBERRASCHUNG** für mich vorbereiten will. Voll plötzlich. Ich hatte nicht mal Zeit, die Schüssel auszulecken!“

Anna kichert.

„Ja“, kichert sie. „Das Leben steckt voller Überraschungen!“

„Das sagt Mama auch immer“, setze ich noch nach, und sehe instinktiv zu Juli rüber.

Die zwinkert mir zu, und ich habe plötzlich das sichere Gefühl, dass **SIE** diejenige sein wird, die am Ende (mal wieder) für die größte Überraschung sorgen wird …

Leben ist das, was passiert,
während du eifrig dabei bist,
(andere) Pläne zu machen.

(frei nach John Lennon)

Überraschung!

„Überraschung!“, rufen Anna und ich gleichzeitig, als Max die Tür aufmacht. Juli wiehert, und ich halte mein Plakat hoch.

steht da drauf.

Das ist Englisch und heißt:
Herzlichen Glückwunsch zum Geburtstag.

Max hat nämlich **HEUTE** Geburtstag.
Die richtige Party ist erst morgen, aber Anna, Juli und ich wollen Max natürlich heute schon gratulieren und überraschen ihn.

Max steht in der offenen Tür und ist **KEIN** bisschen überrascht.
Wir dafür umso mehr, denn: Neben Max steht ein **HUND.**

Der Hund bellt, und Juli bellt zurück – also na ja, sie wiehert zurück, aber es hört sich ein bisschen wie Bellen an.

wiehert sie.

„Na, wer bist **DU** denn?", fragt Anna und kniet bereits vor dem kleinen gefleckten Tier, das sofort ihre Hand ableckt. Das Gesicht des Hundes ist beige und die Schnauze braun, sodass es ein bisschen so aussieht, als hätte er seine Nase in einen Topf mit Schokolade getaucht. Scheint mir spontan der passende Hund für Max zu sein.

„Das ist Watson", antwortet Max jetzt für den Hund und streichelt ihm über den Kopf. „Ist der nicht toll?!"

Anna nickt wie wild, und ich muss kichern.

„Watson? Nicht dein Ernst! Hast **DU** ihm den Namen gegeben?"

„Nee, der ist von Oma."

„Und wo kommt er her?" Anna ist genauso aufgeregt wie Max. Es ist fast so, als hätte sie selber Geburtstag.

wiederholt Max und strahlt übers ganze Gesicht.

„Ist das nicht das **BESTE** Geburtstagsgeschenk **EVER!?**"

GEBURTSTAGSGESCHENK?!

quietscht Anna, und Watson fängt sofort wieder an zu bellen. „Gehört der jetzt etwa **DIR?!?**"

Max schüttelt den Kopf.

„Nee, Watson gehört sich selber", sagt er, „aber ich werde mich eine Weile um ihn kümmern. Weil Oma nämlich verreist – mit ihrem neuen Freund. Dem Yogalehrer!"

Er zwinkert uns vielsagend zu. „Die beiden sind zu Besuch hier, extra aus Bayern. Das war die große Überraschung. Los, kommt mit! Wir wollten gerade Kuchen essen."

Mit diesen Worten hüpft Max an uns vorbei durch den Vorgarten und marschiert los in Richtung Terrasse.

„Man soll ja keine Tiere verschenken", sage ich zu Anna, während wir über die Wiese ums Haus herumlaufen. „Die werden dann nur wieder ausgesetzt."
(Das hab ich mal irgendwo gelesen.)
„Vor allem wenn man bedenkt, dass Max sich ja nicht mal einen Hund gewünscht hat!"
Ganz im Gegensatz zu mir, füge ich in Gedanken noch hinzu.
„Also **ICH** habe mir immer einen Hund gewünscht", meint Anna prompt und wirft Watson einen verträumten Blick zu. Der rennt gerade wild bellend um Juli herum, und die muss aufpassen, nicht auf ihn draufzutreten.

sage ich.

„Paul!", ruft Max' Oma, als wir an der Terrasse ankommen, „na, **DAS** ist ja eine schöne Überraschung! Dich habe ich ja **EWIG** nicht gesehen! Wie groß du geworden bist! Aber immer noch so schöne Locken! Und wer ist die junge Dame?" Max' Oma zwinkert mir zu, und Max sagt: „Das ist Anna! Meine Freundin."

„**UNSERE** Freundin", sage ich schnell und bemerke, dass ich rot werde. Max' Oma steht auf.

„Freut mich **SEHR**, dich kennenzulernen!", sagt sie und strahlt nun Anna an. Dann zwinkert sie mir noch einmal zu. „Und wer ist die **ANDERE** junge Dame?"

Wir sehen uns irritiert um, und Juli schnaubt.

„Ach … ach so …", stottere ich. „Das ist Juli!"

wiehert Juli,
und die Oma lacht.

„Selber hey!", sagt sie und tätschelt Julis Hals. Dann beugt sie sich zu Watson herunter und flüstert ihm etwas ins Ohr: „Immer höflich sein zu den Ladys", flüstert sie, und Watson macht ein Geräusch.

macht er, und alle lachen.

„Wohin verreist ihr denn?“, fragt Anna, noch bevor der Kuchen auf den Tellern ist. Sie ist immer **SO** neugierig!

„Wir wollen erst einmal in Richtung Osten“, sagt Max' Oma und wirft einen verliebten Blick rüber zu ihrem Freund, der Jakob heißt.

„Nach China“, ergänzt Jakob. „Und von da aus weiter über Australien nach Südamerika. Da habe ich Verwandte.“

„**In BRASILIEN**“, sagt Max' Oma, und ich reiße die Augen auf.

„Ich **LIEBE** Brasilien!“, platzt es aus mir heraus, obwohl ich ja eigentlich noch nie in Brasilien war …

„Warst du denn schon einmal in Brasilien?“, fragt mich jetzt auch Jakob, und ich schüttle den Kopf.

„Nee“, sage ich, und Anna kichert.

„Paul liebt vor **ALLEM** den brasilianischen Fußball!“, kichert sie.

„Ja, das stimmt“, gebe ich zu, „aber ich mag auch die Musik und die bunten Gewänder. Und das Obst! Deswegen feiere ich meinen Geburtstag dieses Jahr auch unter dem Motto: **BRASILIEN.** Da ist dann alles vereint: Fußball, gute Musik **UND** gutes Essen! Das wird …“

rufen Anna und Max wie aus einem Mund, und Juli wiehert schrill.

Max' Oma schmunzelt und stupst mich in die Seite. „Wenn das so ist, schicke ich dir mal eine Postkarte aus Brasilien, sobald wir da sind. Zum Geburtstag."

„**SEHR** gerne!"

„Und wann wollt ihr wiederkommen?“, fragt Anna nun weiter, und die Oma wirft noch einmal einen Blick rüber zu Jakob.

„Na ja, ehrlich gesagt wissen wir das noch gar nicht so genau“, sagt der und lächelt. „Wir lassen uns da mal überraschen …“

„Denn was wäre das Leben ohne Überraschungen?!“, setzt die Oma jetzt noch nach, und wie zur Bestätigung bellt Watson ein kurzes:

Max' Oma wirft nun einen Blick auf den Hund, beugt sich nach unten und nimmt ihn hoch auf ihren Schoß.
„Ach, mein Kleiner", flüstert sie und streichelt Watson über den Kopf. „Ich bin mir sicher, du wirst es hier derweil **RICHTIG** gut haben!"
„Ganz sicher wird er das!", sagt Jakob und zwinkert Max zu, der sofort eifrig nickt. Nun streichelt die Oma **MAX** über den Kopf, und Watson nutzt die Gelegenheit, um sich heimlich den Kuchenrest vom Oma-Teller zu schnappen.

Nach dem Kuchenessen müssen Jakob und Max' Oma dann auch schon los in Richtung Flughafen.

„Ach, warte, ich hab doch noch ein Geschenk für dich!" Die Oma kramt in ihrer unfassbar großen Handtasche, dann drückt sie Max ein Buch in die Hand, das mindestens so alt aussieht wie die Oma selbst.

Max strahlt.

„Der Hund von Baskerville! Das kenn ich noch nicht!" Er streicht ehrfürchtig über den vergilbten Einband. „Das ist eine der ersten Ausgaben, also pass gut darauf auf! Und auf Watson natürlich auch."
Die Oma drückt Max noch einmal fest an sich, dann bellt Watson schon wieder los, und Juli stimmt wiehernd mit ein.

Das Taxi ist da!

Sherlock und Watson

Am nächsten Tag findet dann auch (endlich) Max' Geburtstagsparty statt. Und die steht unter dem Motto: **KRIMI.** Weil Max nämlich der größte Krimi-Fan ist.

Er ist als Sherlock Holmes verkleidet, und praktischerweise hat er jetzt auch noch Watson an seiner Seite.

Der Hund trägt einen kleinen karierten Umhang.

Wie süß ist DAS denn?!

ruft Anna sofort, als sie Watsons Verkleidung sieht. Sie selbst geht als Miss Marple und trägt Kleid und Hut. Beides von meiner Oma – aus dem letzten Jahrhundert. Ich bin als Mordopfer verkleidet und Juli als englisches Polizeipferd.

Als wir zusammen in den Garten kommen, beachtet uns erst einmal niemand. Alle laufen wie die Verrückten hinter Watson her, der wiederum einem Ball nachrennt. Dann, völlig aus dem Nichts, macht der Hund plötzlich eine Kehrtwendung, schießt auf uns zu und kläfft Juli an, **die ihn entgeistert ansieht.**

„Was hat er denn?", frage ich an Julis Stelle
(weil die ja nicht sprechen kann), und Max schreit:
„Ach, der will nur spielen!"
Er schreit das, um Watsons Gebell zu übertönen.
„Einen Tee die Herrschaften?", schreit er jetzt weiter und deutet mit seiner Pfeife auf den Terrassentisch.

Nach der „teatime" läutet Max ein kleines Glöckchen, und Watson fängt sofort wieder an zu bellen.
„Verehrte Gesellschaft", schreit Max und zieht theatralisch an seiner Pfeife, die natürlich weder gestopft ist noch brennt.
„Watson und ich haben den Fall um die gestohlenen Waffen bereits gelöst, und nun heißt es, das Diebesgut sicherzustellen! Wären Sie so nett, uns dabei zu helfen?"

Alle Geburtstagsgäste grölen ein **„JAAAA!"**, und Watson hört sofort auf zu bellen. Ich atme erleichtert aus.
„Eine Schnitzeljagd", flüstert Anna mir zu, „das **LIEBE** ich!!!"
„Wohl eher eine Würstchenjagd", gebe ich zurück und deute auf Max, der gerade eine Wurst in die Luft hält. Alle lachen, und Watson springt an Max' Bein hoch. Er bellt jetzt wieder wie verrückt, und Max wirft ihm das Würstchen zu.

Der Hund verschlingt es mit einem Biss.

Dann schnüffelt Watson auf dem Boden herum, hält die Nase in den Wind und – läuft los.
„Folgen wir Watson!", ruft Max, und so rennen wir nun **ALLE** dem Hund hinterher, der in Zickzacklinien durch den Garten springt.
„Watson ist eine richtig gute Spürnase!", ruft Max mir zu. Und tatsächlich! Da hat Watson auch schon eine weitere Wurst gefunden. Wir folgen ihm durch ein Gebüsch, den Wiesenweg hinunter, den Bach entlang bis hin zum Wald. Und überall findet Watson Würste.

Mia ist total aus dem Häuschen und kreischt immer wieder: „Wie süß!", und auch Lennon kriegt sich gar nicht mehr ein vor lauter Begeisterung. „Rosa hat nicht so eine gute Nase", sagt er immer wieder, und damit hat er wahrscheinlich recht.

Lennons Hund heißt nämlich Rosa.

Und Rosa ist, wenn man mal ganz ehrlich ist, nicht die hellste Kerze auf der Torte.

Watson hat nun schon das zehnte Würstchen gefunden, und Max ist stolz wie nix, obwohl er selbst ja gar nichts gemacht hat. Wir **ALLE** machen nichts. Außer dem Hund nachzulaufen und immer wieder verzückt „OHHHHH" zu rufen, wenn er das nächste Würstchen gefunden hat. Juli trottet etwas irritiert hinter der Gruppe her und sieht nicht gerade begeistert aus.

Ich glaube, sie ist verwirrt, weil **SIE** nicht im Mittelpunkt der Party steht – das tut sie nämlich normalerweise **IMMER.**

Als wir irgendwann beim Spielplatz ankommen, bellt Watson noch einmal so **RICHTIG** laut und fängt an, ein Loch in den Sand zu graben. Und dort finden wir dann auch **ENDLICH** die Kiste mit dem Diebesgut. Die Kiste enthält: ein Würstchen (Überraschung!), einen Haufen Süßigkeiten und:

WASSERPISTOLEN!

ruft Lennon und schießt bereits in die Luft. „Die sind sogar geladen!"

Was dann folgt, kann man sich sicher vorstellen.

Juli und ich verschanzen uns im Piratenschiff, und Anna sitzt bereits in der Weide neben dem Bach, während Max sich mit Lennon duelliert.

Watson rennt wie ein Wahnsinniger zwischen Max und Juli hin und her und bellt, was das Zeug hält. Immer wenn er in unsere Nähe kommt, legt Juli die Ohren an, und ich halte **MEINE** zu, während die anderen das Gekläffe offenbar gar nicht stört.
(Ich glaube, das ist ein bisschen so, wie wenn man neben einer Autobahn wohnt: Nach einiger Zeit fällt einem der Lärm gar nicht mehr auf.)

Nach einer epischen Wasserschlacht gehen wir am späten Nachmittag alle wieder zurück in den Garten und essen Pommes.

„Schaut mal, was Watson kann!", ruft Max und hält eine Fritte hoch.

Watson stellt sich auf die Hinterbeine und streckt die Vorderbeine in die Luft, so als wäre er ein Ballett-Tänzer oder so was. Alle quietschen vor Entzückung auf, und Max wirft dem Hund die Pommes ins Maul.

Doch damit nicht genug!

Max hat bereits die nächste Fritte in der Hand.

Watson, roll dich!

ruft er, und Watson wirft sich auf den Boden. Er rollt sich vor uns über den Rasen, und Anna jubelt.

„Wahnsinn!", ruft sie und boxt mich so hart in die Seite, dass mir kurz die Luft wegbleibt.

Juli schnaubt verächtlich, und auch sie stupst mich in die Seite.

„Hä?!", mache ich, während um uns herum alle applaudieren.

Juli sieht erst Watson an und dann mich. Sie schaut mir fest in die Augen, und ich glaube zu verstehen, was sie von mir will.

„Das kann Juli auch", sage ich deshalb vorsichtig, und plötzlich sehen mich alle an. Ich merke, dass ich rot werde. „Äh … stimmt doch, oder?!"

Juli nickt eifrig, und ich befehle:

Juli reagiert **SOFORT.**

Sie lässt sich langsam auf den Boden sinken, dreht sich auf den Rücken, wirft die Beine in die Luft und rollt sich …

... geradewegs in die Bierbank-Garnitur hinein, an der gerade noch gegessen wird.

Kinder springen kreischend auf, die Bierbank kippt, etwas zerbricht knallend unter Juli, und Ketchup spritzt mir ins Gesicht.

„Auweia“, murmelt Anna, während Juli jetzt wieder auf die Beine kommt und sich schüttelt. Pommes fliegen durch die Gegend, und Watson fängt sie freudig bellend aus der Luft.

„Guckt euch **DAS** mal an!", ruft Lennon und hebt sofort ein paar Fritten vom Boden auf. Er wirft sie in die Luft, und Watson hüpft wie ein Flummi hin und her. Er springt **SO** hoch, dass es aussieht, als könnte er fliegen.

„SUPER!", rufen Mats und Thea wie aus einem Mund, und plötzlich beugen sich alle nach unten, um Fritten vom Boden aufzuheben und hochzuwerfen. **„Jaaaa"**- und **„Watson"**-Rufe ertönen, und ich sehe zu Juli rüber, der Anna gerade einen Pappteller aus dem Schweif zieht. Sie sieht nicht gerade glücklich aus. „Zum Glück war ich schon satt", kichert Max neben mir, und ich versuche ein Lächeln, während ich mir den Ketchup aus dem Gesicht wische.

„MEGA-Party, Mann“, sagt Lennon, als es langsam Zeit wird zu gehen. Er klatscht mit Max ab, dann streichelt er Watson über den Kopf, der ausnahmsweise mal still sitzt.
„Allerdings“, meint jetzt auch Clara, und Yilmaz ruft:
„Die **BESTE PARTY** aller Zeiten!“
„Finde ich auch“, stimmt Anna ihm zu, und ich sage:
„Ich feiere übrigens auch bald eine Party.“
Wieder sehen mich alle an.
(Und wieder werde ich ein wenig rot)

Max kichert und stupst Anna in die Seite.
„Die wird …“, sagt er, und Anna ruft:

Treffen im Hauptquartier

Am nächsten Morgen sitze ich schon früh im Hauptquartier und plane meine legendäre Geburtstagsparty. Vor mir liegt das Notizbuch, neben mir liegt Juli und hält ein Nickerchen. **Sie schnarcht.**

BRASILIEN steht ganz oben auf meiner Liste.
(Das ist die Überschrift)

Darunter: Fußball (ich liebe Fußball),
dann: Piñata (Max liebt Piñatas),
Musik (Anna liebt Musik)
und: Karotten (die haben zwar nichts mit Brasilien zu tun, aber Juli liebt Karotten, und sie soll sich ja auch wohlfühlen!).

„Also wir haben: Fußball, Piñata, Musik und Karotten", sage ich zu Juli, die noch immer pennt. „Besonders viel ist das nicht gerade ..."

Aber zum Glück habe ich ja die Bande. Zusammen werden wir schon einen legendären Plan schmieden! Schließlich sind wir ein verdammt gutes Team:

die **TIERISCHEN VIER!**

Beim Bandentreffen sind wir dann allerdings gar nicht zu viert, sondern zu fünft, weil Max nämlich Watson dabeihat. Und – genauso wie auf der Geburtstagsparty – dreht sich nun alles **NUR** noch um den Hund:

Watson hier, Watson da, Watson, hol den Stock, Watson kann dies, Watson kann das ...

Und Watson wird auch **NIE** müde!

Er läuft den ganzen Tag durch den Garten, und Anna und Max rennen hinterher.

(Auch unsere Nachbarskatze – Emma – ist davon alles andere als begeistert.)

Erst am Nachmittag scheint der Hund endlich etwas gefunden zu haben, womit er sich auch **ALLEINE** beschäftigen kann, denn er hält jetzt schon für mehr als fünfzehn Minuten die Pfoten still.

Was **MIR** die Gelegenheit bietet, **ENDLICH** in Ruhe mit Anna, Max und Juli über meine Party zu sprechen.

„Wie kommst du denn eigentlich auf **BRASILIEN**?!“, fragt mich Max, während ich mein Notizbuch aufschlage.
„Na, wegen Fußball!“, sage ich entschieden. „Und die haben auch immer so gutes Wetter da!“
„Und gute Musik“, ergänzt Anna.

„Okay …“ Max klingt noch nicht wirklich überzeugt.
„Es gibt auch eine Piñata“, sage ich schnell, und
– ZACK – da ist das Lächeln in Max' Gesicht,
auf das ich gewartet hatte!
„Ich LIEBE Piñatas!“, ruft er.
Ich weiß.

„Also eine Piñata, gute Musik und Fußball“, sagt Anna.
„Das klingt doch schon mal gut!“
„Ja, aber GUT reicht nicht“, sage ich. „Es muss
LEGENDÄR werden!“
Anna schmunzelt. „Ja, das sagtest du.“
„Gibt es denn auch eine Schnitzeljagd?“, fragt mich Max,
und ich überlege.
Ich denke an Watson und die Würstchen, und dann denke
ich an Juli. Die ist auch eine richtig gute Spürnase …
zumindest, wenn es ums Essen geht.
„Klar!“, sage ich. Und wie aufs Stichwort wiehert Juli
plötzlich schrill.

Wir springen alle gleichzeitig auf.

Wir sehen nun alle aus dem Fenster und Juli hinterher, die in fliegendem Galopp über die Wiese und in ihre Bude stürmt. Keine Sekunde später flitzt Watson daraus hervor und kommt mit eingezogenem Schwanz auf uns zu.

Er hat eine Karotte im Maul.

Juli streckt den Kopf zum Stallfenster heraus und schnaubt ihm wütend hinterher.

„Oh", macht Max, und wir sehen alle dabei zu, wie Watson jetzt auf halber Strecke zwischen den beiden Buden stehen bleibt und gierig die Karotte verschlingt.

„Der mag Gemüse?", fragt Anna erstaunt, und Max nickt. „Er frisst eigentlich alles."

Ich unterdrücke einen Kommentar und mache mich stattdessen auf den Weg zum Haus, um eine neue Möhre für Juli zu besorgen …

Gerade als ich an der Terrasse ankomme, fällt mein Blick auf etwas Rotes, das vorhin noch neben der Haustür gestanden hat.

„Mein Fußballschuh!"
Mit spitzen Fingern hebe ich meinen Stollenschuh aus dem Gras. Er ist angefressen und voller Sabber! „Oh", macht Max wieder, und ich werfe einen finsteren Blick auf Watson, der nun auch noch die Frechheit besitzt, an mir hochzuspringen und nach dem Schuh zu schnappen.

sage ich entschieden und bringe meinen Schuh in Sicherheit.

„Sooo schlimm ist es gar nicht …", sagt Max, als wir wenig später wieder im Hauptquartier sitzen. Er hat Watson an die Leine gelegt und untersucht meinen Schuh. „Der ist nur am Rand ein bisschen kaputt, schau! Man kann ihn noch gut anziehen." Max hält mir den angesabberten Schuh unter die Nase, und ich verziehe das Gesicht.

„Irgendwie erinnert mich Watson ein bisschen an Juli", meint Anna jetzt belustigt und stupst mich in die Seite. „Sie hat doch auch schon mal deine Turnschuhe gefressen! Weißt du noch?! – DIE konnte man danach auf jeden Fall NICHT mehr anziehen!"

Sie kichert, und ich schaue noch einmal zu Watson rüber. Der sieht mich nun mit einem Blick an, der mich WIRKLICH ein bisschen an Juli erinnert …

WAUUU WAUUUU WA

MEIN Revier

Am nächsten Morgen lese ich ein Buch über Brasilien, als ich plötzlich wildes Gebell aus dem Garten höre. Gefolgt von einem gewaltigen Knall.

Ich stürze zum Fenster und sehe gerade noch Watsons Po hinter unserem Hauptquartier verschwinden. Dann donnert Julis Huf (ein zweites Mal) gegen die Stallwand.

KAWÄMM!!!

„Was um alles in der Welt?!", rufe ich, und Juli wiehert schrill. Sie streckt ihren Kopf zur Stalltür raus und schüttelt die Mähne. Ihr Blick ist ganz wild.

wiehert Juli und sieht sich nach allen Seiten um.
„Was ist los?", ruft jetzt auch Anna aus dem benachbarten Dachfester. „Ist was passiert?"
Wie zur Antwort lugt nun Watsons Kopf wieder hinter unserem Hauptquartier hervor, und Juli legt die Ohren an.

„Was ist denn mit Juli los?", fragt Max kopfschüttelnd und läuft an Julis Stall vorbei, während Watson hinter der Bude hervorschießt und an ihm hochspringt. „Ist die mit dem falschen Huf aufgestanden, oder was?"
Ich sehe noch immer aus dem Fenster und nun zu Juli rüber, die ihre Zähne gebleckt hat.
„Irgendwas hat sie", stelle ich fest. „Vielleicht hat Watson sie gebissen."
Max sieht entgeistert zu mir hoch.

„Spinnst du?!"

„Oder er hat sie einfach nur erschreckt“, meint Anna. „Bestimmt hat sie noch geschlafen.“

Ich wende mich wieder an Max: „Apropos schlafen“, sage ich, „was **MACHT** ihr denn eigentlich so früh schon hier?“

(Max ist nicht gerade ein Morgenmensch.)

„Wir drehen unsere **MORGEN-Runde**“, antwortet Max gut gelaunt und krault Watson hinter dem Ohr. „Watson muss immer früh raus. Und er braucht viel Bewegung! Wir waren schon im Wald und am Bach, und dann dachte ich, wir könnten doch alle zusammen zum See gehen. Watson kann gar nicht genug kriegen von Wasser.“

Ich blinzle gegen die Sonne, und Anna ruft: „Super Idee! Wartet, ich komm runter!"
Ihr Kopf verschwindet aus dem Dachfenster, und ich kratze mich an der Nase. „Ähm ... ich auch", brumme ich, obwohl ich ja eigentlich lesen wollte ...

Dieser Watson bringt wirklich ALLES durcheinander!

Als ich nach draußen komme, kneift Watson sofort den Schwanz ein und versteckt sich hinter Max. Er schaut mich ganz schuldbewusst an, und ich sehe instinktiv zu Juli rüber, die noch immer in ihrer Bude steht und die Ohren angelegt hat.
„Na, komm schon raus", rufe ich ihr zu, und Julis Kopf verschwindet aus dem Stallfenster. Keine Sekunde später kommt sie auch schon nach draußen. Sie humpelt.

rufe ich erschrocken.

Juli schnaubt und streckt uns ihren linken Vorderhuf entgegen.

Anna ist noch vor mir am Stall und schaut nun besorgt auf Julis Huf.

Dann rümpft sie die Nase.

Aber noch bevor ich begriffen habe, was los ist, lacht Anna laut auf und ruft:

„**Kacke!** – Juli ist in Kacke getreten!"

Ich atme heftig aus. Jetzt rieche ich es auch! „**IGITT!**", rufe ich, und Juli wiehert noch einmal schrill.

wiehert sie.

Jetzt verstehe ich auch, was sie damit meint!

knurre ich.

Watson hat in Julis Bude gekackt!

Max beugt sich sofort nach unten und sieht Watson direkt in die Augen.

„Ja, **SUPER!**", säuselt er. „**Braaaaav** gemacht**!**"
Ich starre ihn an.
HÄ?!!
„So ein braver Hund! Hast du endlich Kacka gemacht? – Ja?! So ein Liiiiieber!"
Max krault Watson am Kopf, und der sieht nun stolz zu Juli rüber, die wieder die Ohren anlegt.

Wir sind alle sprachlos. Sogar Anna.

„Der Hund hat in Julis Bude gekackt“, presse ich dann endlich heraus, „musst du ihn dafür auch noch **LOBEN?!**“

Max sieht mich verständnislos an.

„Klar! Ich bin doch froh, dass er überhaupt etwas gemacht hat! Watson hatte eine schlimme Verstopfung nach meiner Geburtstagsparty. Wahrscheinlich wegen den ganzen Fritten. Hunde essen ja eigentlich gar keine Kartoffeln.“

Ich denke an die vielen Würstchen und Fritten und werfe einen Blick auf den **RIESIGEN** Haufen, der an Julis Huf klebt. Dann halte ich mir die Nase zu und sehe wieder zu Max rüber.

„Mach das mal weg“, knurre ich mit zusammengebissenen Zähnen und deute auf Julis Huf.

„KLAR DU!", sage ich entschieden.
„Wer denn sonst?!"
„Na, das ist doch DEIN Pferd", versucht es Max vorsichtig, und ich raste sofort aus.
„Und DEIN Hund hat den Haufen gekackt!
Also mach ihn gefälligst wieder weg!"
„Genau genommen gehört Watson sich selber", murmelt Max, kommt nun aber wenigstens näher und zieht einen grünen Plastikbeutel aus seiner Hosentasche.
Er hat ihn in der einen Hand, mit der anderen hält er seine Nase zu – womit er praktisch handlungsunfähig ist.
Anna verdreht die Augen.

„Gib mal her!", sagt sie entschieden und nimmt Max den Beutel aus der Hand.
Anna stülpt die Tüte mit einer Hand über Julis Huf und wischt, ein Taschentuch in der anderen, zeitgleich die Reste weg. Dann stopft sie das Taschentuch in die Tüte und verknotet sie. Es stinkt noch immer bestialisch.

„Danke", murmelt Max, und ich nicke Anna anerkennend zu. Sie ist eben eine Frau der Tat!
Juli hat ihren Huf wieder abgestellt und starrt (noch immer mit angelegten Ohren) in Richtung Hauptquartier, aus dem jetzt ein kratzendes Geräusch zu hören ist.

Watson …

Watson sitzt im Hauptquartier und sieht uns mit seinem Treu-Hunde-Blick so lieb an, dass Anna sich sofort vor ihm hinkniet, um ihn zu streicheln.
DAS hätte sie besser nicht getan!

Hier ist ja alles ganz nass …

ruft Anna und springt noch im selben Moment hoch.

„IHHHHH“, rufe ich, und Juli stimmt mit ein:

wiehert sie.

Watson kneift nun wieder den Schwanz ein und versteckt sich noch einmal hinter Max.

„Ach herrje“, sagt der, und wir starren nun alle auf die Pfütze am Boden, in der meine Buntstifte schwimmen. Sie schwimmen in …

„Ist es das, was ich denke?“, fragt Anna und sieht mich Hilfe suchend an. Ich nicke.

„Ihhhhhhhh“, macht jetzt auch Anna und sieht an sich herunter.

Ihre Hose ist ganz nass.

„Das tut mir **ECHT** leid", murmelt Max und sieht nun von einem zum anderen. „Keine Ahnung, warum er das macht. Wir waren **SUPER-lange** draußen **!!!** Vielleicht will er ja auch nur sein Revier markieren ..."

„**SEIN** Revier!?" Jetzt reißt mir der Geduldsfaden. „Das hier ist **SO WAS VON** nicht **SEIN** Revier!" Meine Stimme überschlägt sich, und ich sehe Anna an, damit sie mir zustimmt. Aber Anna sagt:
„Ich versteh das! Er will wahrscheinlich nur dazugehören."

„DAZUGEHÖREN?!"
Ich glaube, ich höre nicht richtig.

„Wo denn DAZUGEHÖREN?!"
„Na, zu uns." Anna beugt sich nach unten und krault Watson hinter den Ohren. „Nicht wahr, mein Kleiner? Willst du Mitglied in unserer Bande werden?"
Ich starre sie an.

Das kommt ja wohl GAR nicht infrage!

Die Tierischen FÜNF!?

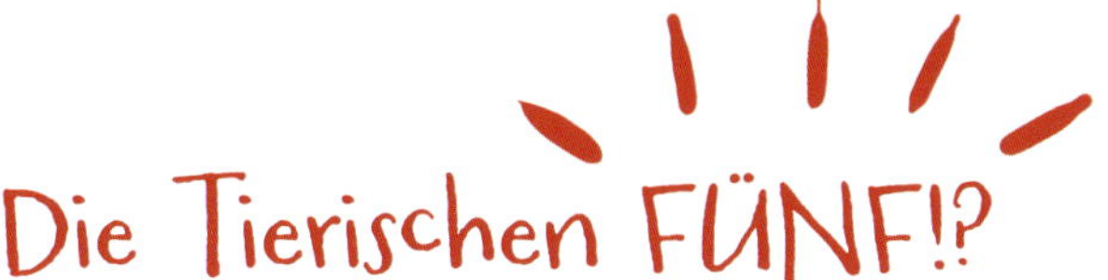

„Das kommt ja wohl gar nicht infrage! Oder!?"
Max sieht mich fragend an.
„Warum nicht?!"
„Na, weil..." Ich zögere und sehe Hilfe suchend zu Juli rüber, die noch immer die Ohren anlegt und Watson anstarrt.
„... weil Juli ihn nicht mag", versuche ich es vorsichtig.
Juli sieht mich an. „Stimmt doch, oder?!"
Juli blinzelt. Sie hat, glaube ich, gar nicht verstanden, worum es hier gerade geht.

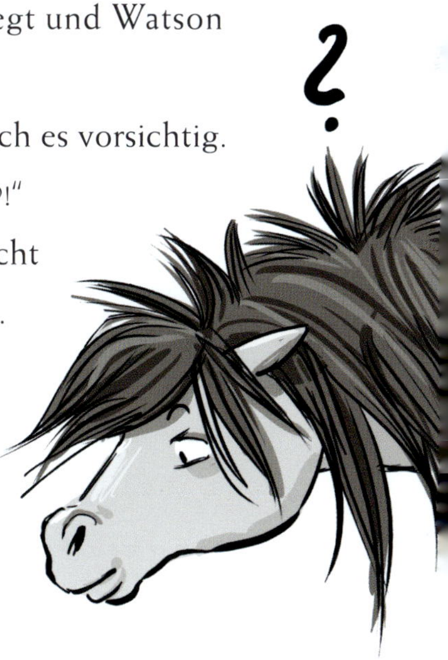

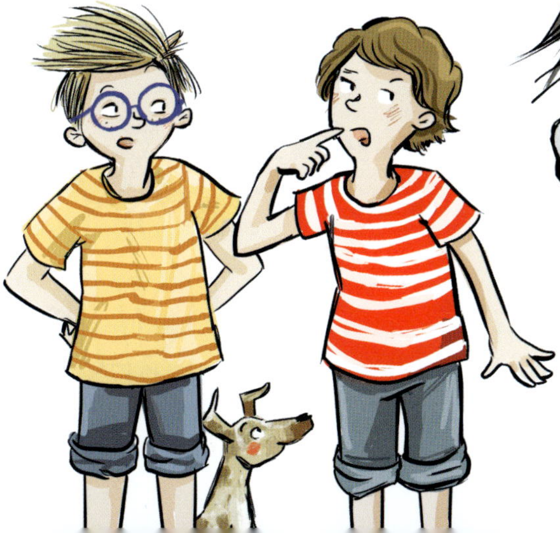

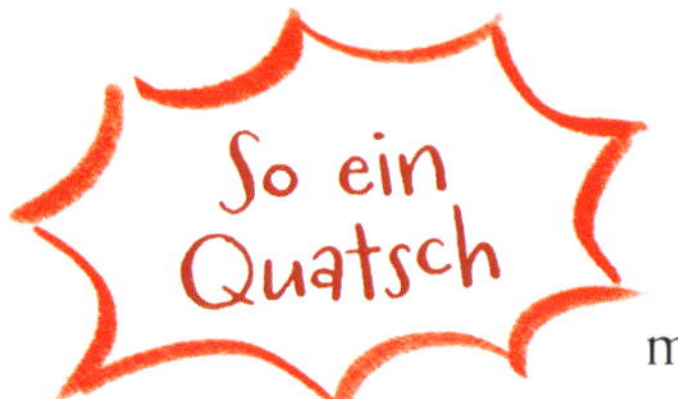

meint Anna jetzt. „Juli **KENNT** Watson doch noch gar nicht."

„Eben", sage ich schnell. „Und das ist auch der Grund, warum wir ihn nicht einfach so in unsere Bande aufnehmen können: Wir **KENNEN** ihn ja gar nicht!"

„Hm", macht Anna, und Max sagt: „**NOCH** nicht! Aber ihr habt ja genug Zeit, ihn kennenzulernen."

„Wohl eher nicht", gebe ich zurück. „Watson ist ja schließlich nur vorübergehend hier. Und sollen wir **DAFÜR** etwa unseren Namen ändern?

Die TIERISCHEN FÜNF ?!

Seid mal ehrlich! Das klingt doch ziemlich bescheuert!"

Ich lache kurz auf, aber keiner lacht mit.

Anna zieht eine Augenbraue hoch, Juli starrt weiter Watson an, und Watson sieht jetzt irgendwie traurig aus. Genauso wie Max.

„Dann eben nicht", murmelt Max, und Watson kratzt sich am Ohr.

„Wir müssen jetzt auch mal los. Nicht wahr, Watson?"
Watson spitzt die Ohren und gibt einen Laut von sich.
Es klingt wie: „Jo."
„Aber … wir wollten doch zum See", meint Anna und wirft Max einen flehenden Blick zu.
„Aaach", Max winkt ab, „das Wasser ist doch eh noch viel zu kalt!"
Kurz ist es still, und ich weiß, dass ich jetzt eigentlich etwas sagen sollte. Aber was?
„Bist du jetzt etwa sauer?", frage ich deshalb und versuche, meine Stimme ganz normal klingen zu lassen. Das tut sie aber leider nicht. Sie klingt irgendwie falsch.
„Nee, Quatsch." Max winkt noch einmal ab. „Ist schon gut." Auch **SEINE** Stimme klingt irgendwie falsch.

„Ach, komm schon", sage ich. „Du kannst Juli das nicht übel nehmen. Schließlich hat Watson in ihre Bude gekackt!"
„**JULI** nehme ich **GAR** nichts übel", sagt Max spitz und drückt sich an mir vorbei nach draußen. „Komm, Watson, wir gehen."
Und noch bevor ich etwas erwidern kann, ist Max auch schon am Kirschbaum vorbei und verschwindet hinter der Hecke.

Gut gemacht

sagt Anna scharf und schaut mich mit einem Blick an, den auch meine Mutter nicht besser hinbekommen hätte. Ich sehe zu Boden.

„Ja, das war … ziemlich blöd, oder?", stottere ich. „Aber auch kein Grund, gleich beleidigt zu sein. Der Hund hat schließlich in unser HAUPTQUARTIER gepinkelt! Und da sollen wir ihn zur Belohnung auch noch in die Bande aufnehmen? DAS wäre ja Quatsch!"
Vorsichtig hebe ich meinen Blick zu Anna, die mich anstarrt, als hätte ich ihr gerade gesagt, dass ich Juli auf einem Parkplatz aussetzen will.
„WAS DENN?!", frage ich bockig und schaue Anna nun fest in die Augen.
„DIE TIERISCHEN FÜNF?! WIRKLICH?!
Das ist doch total albern."
„Nein, DU bist albern!", sagt Anna schnippisch. „Was SOLLTE das denn gerade? Max liebt diesen Hund, und du hast nichts Besseres zu tun, als ihm unter die Nase zu reiben, dass er eh nicht mehr lange hier ist? Na, HERZLICHEN GLÜCKWUNSCH!
Manchmal frage ich mich wirklich, was in deinem Kopf vor sich geht!"
So hatte ich das noch gar nicht gesehen …

„Max **IST** nicht beleidigt!“, setzt Anna jetzt noch nach. „Er ist **TRAURIG.** Traurig, dass sein neuer Freund vielleicht bald wieder weg ist **UND** dass sein ältester Freund keinerlei Mitgefühl zeigt!“

Mit diesen Worten dreht sie sich um und stapft davon.

Sie springt über den Zaun und verschwindet kurz darauf im Haus.

Als ich am Nachmittag alleine in meinem Zimmer sitze und lese, denke ich dann wirklich noch einmal darüber nach, was Anna gesagt hat.
Und na ja, sie hat irgendwie recht.
Max mag den Hund richtig gerne, und da war es **ECHT** nicht besonders mitfühlend von mir zu erwähnen, dass er bald wieder weg ist. Außerdem haben wir uns als Bande geschworen, **NIE** jemanden auszuschließen, also …

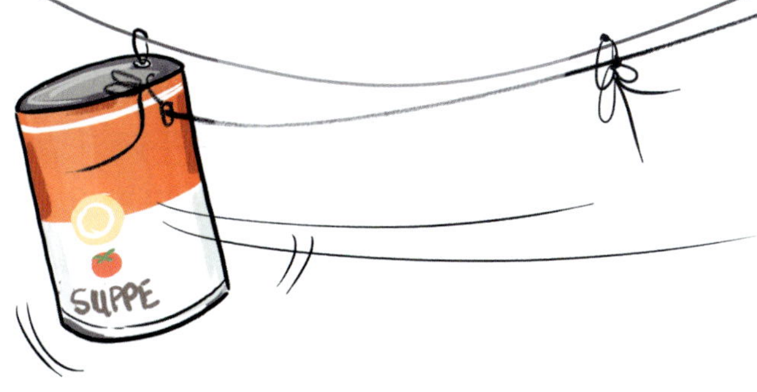

… gehe ich zum Fenster und ziehe die **Kommunikationsdose** zu mir rüber.
Die alte Suppendose hängt an einer Seilkonstruktion, die Anna und ich zwischen unsere Häuser gespannt haben. Sie ist schon ziemlich verrostet, erfüllt aber noch immer ihren Zweck.

Ich hole die Dose rein und schreibe **einen Zettel.**

Und: **ICH HABE NACHGEDACHT. ES TUT MIR LEID.** schreibe ich

Dann falte ich das Papier zusammen, stecke es in die Dose und ziehe wieder an der Schnur. So lange, bis die Kommunikationsdose (mitsamt der Botschaft) vor Annas Fenster baumelt. Dann warte ich.
Ich warte eine halbe Ewigkeit.

Und erst als die Sonne schon sehr tief steht und ich mein Buch über Brasilien längst ausgelesen habe, höre ich Juli draußen wiehern.
Ich renne noch einmal zum Fenster und sehe: Anna und Max.
Die beiden haben ihre Handtücher dabei, und neben ihnen steht Watson und ist ganz nass.

Waren die etwa am See?!
OHNE mich?!

Max scheint gerade einen Witz gemacht zu haben, denn Anna lacht laut auf, und Watson bellt.

Das macht mich irgendwie wütend.

Schnell greife ich nach der Schnur neben meinem Fenster, ziehe die Kommunikationsdose zu mir zurück und hole den Zettel heraus.

Ich habe nachgedacht, denke ich, während ich den Zettel in den Papierkorb werfe.

Und es tut mir DOCH nicht (mehr) leid!

Alleine

Am nächsten Tag sitze ich **ALLEINE** im Hauptquartier.
Alleine mit Juli.
Wir planen meine legendäre Geburtstagsparty, aber leider ist Juli **KEINE** große Hilfe:

Sie hält (mal wieder) ein Nickerchen.

Ich stupse sie in die Seite, und Juli macht ein Auge auf. „Wir müssen uns noch was für die Deko überlegen", sage ich und zücke mein Notizbuch. „Außerdem brauchen wir Kostüme. Ich gehe als Brasilienspieler. Und du …"
Ich drehe meinen Kopf zur Seite und betrachte Juli aufmerksam.
„… du könntest doch als Fußball gehen!"
Juli legt den Kopf schief und verschluckt sich an etwas.
Sie hustet.

„Nicht gut?"

DOOHOCH DOCH hustet sie.

„Super! Mama bereitet die Piñata vor und Papa unseren Turnierplatz …" Ich kratze mich am Kinn. „Mehr fällt mir gerade gar nicht ein. Hast du vielleicht noch irgendeine Idee?"
Juli schüttelt den Kopf, und ich seufze tief.
Weil ich nämlich sofort an Max denken muss.

Max hat immer die **ALLERBESTEN** Ideen!
Aber Max ist leider nicht da … Und Anna auch nicht.

In meinem Magen fühle ich ein bisschen Vermissen, und dann fällt mir **DOCH** noch etwas ein:

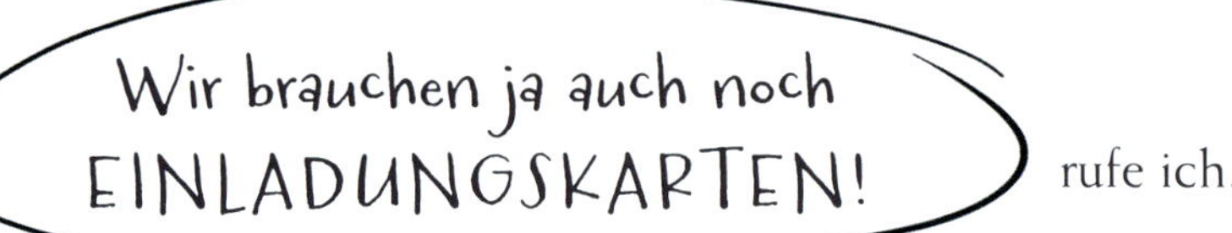

rufe ich.

Die Einladungskarten müssen gemalt, gescannt **UND** gedruckt werden! – Ich selbst habe keinen eigenen Computer und auch keinen Drucker. Anna aber schon!

Sofort springe ich auf und laufe an den Gartenzaun.

ANNA!

rufe ich und warte.
Nichts.

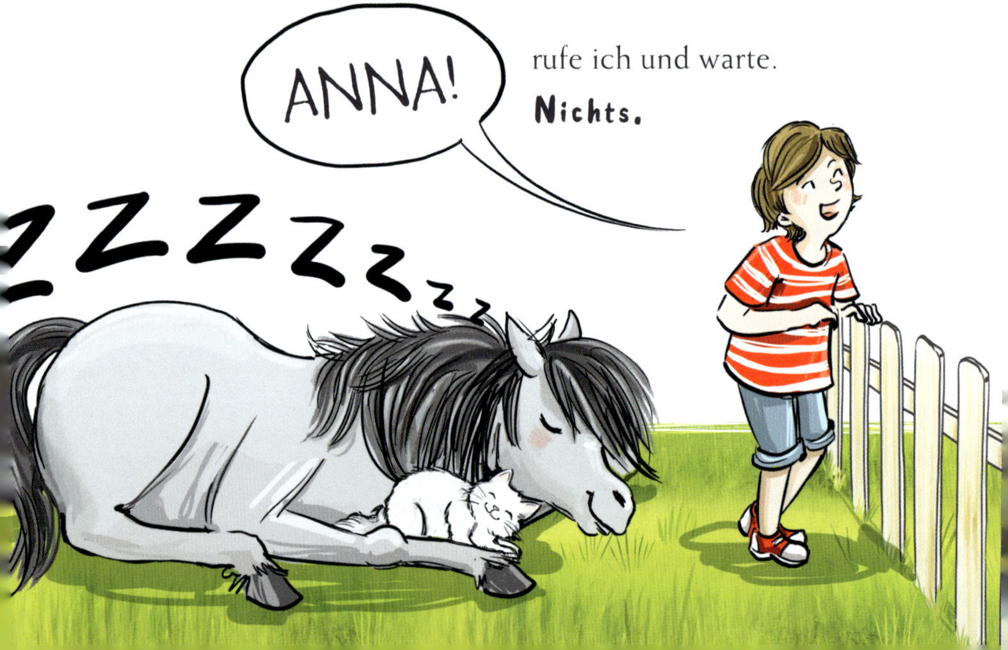

ZZZZZzzz

rufe ich noch einmal, diesmal etwas lauter.

Nichts.

Ich schaue rauf zu Annas Fenster, aber Anna ist nirgendwo zu sehen. Dafür streckt Annas Mutter jetzt ihren Kopf zum Küchenfenster heraus.

„Anna ist schon weg", ruft sie. „Sie ist bei Max. Du musst dich beeilen, wenn du die beiden noch erwischen willst. Sie wollten mit dem Hund raus!"
Ich nicke lahm, dann mache ich mich sofort auf den Weg. Allerdings nicht zu Max, sondern wieder zurück zum Hauptquartier.

„Anna ist bei Max", murmele ich, und Juli schnaubt. „Vielleicht sollten wir da auch mal hingehen … Wegen der Einladungskarten."
Juli wiehert lahm, und es klingt wie:

JOOOAAHHHH

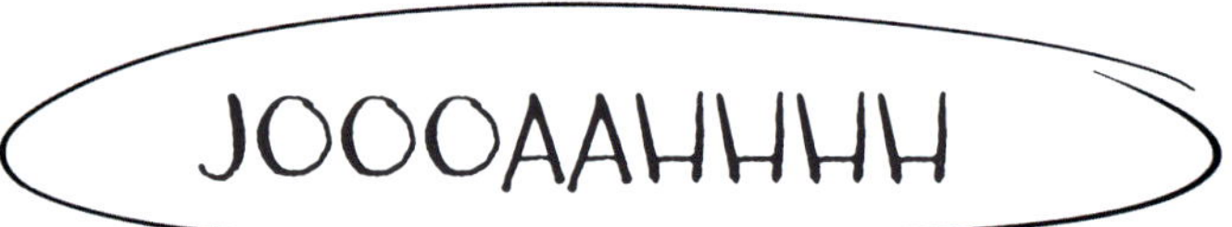

Sie macht aber keinerlei Anstalten, sich zu bewegen. Und ich auch nicht.

„Ich muss die Einladungskarte ja sowieso erst einmal zeichnen …", überlege ich laut und nehme meine Buntstifte aus dem Regal.

Dann zeichne ich eine Einladungskarte.
Und noch eine …
und noch eine …
und noch eine.

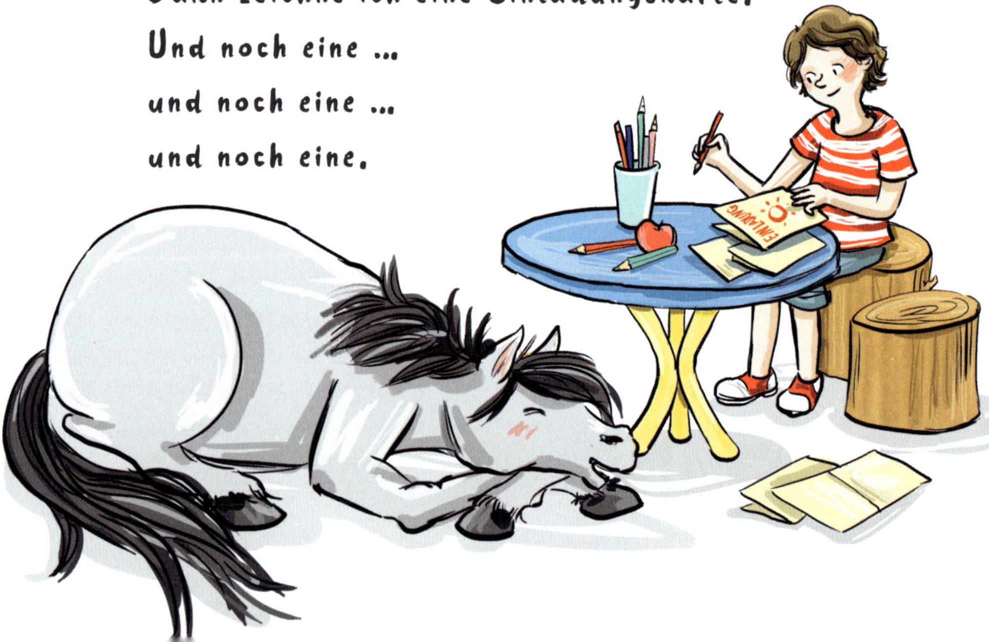

Am Nachmittag habe ich alle Einladungskarten fertig, also brauche ich Annas Drucker eigentlich gar nicht mehr. Trotzdem freue ich mich, als ich Anna nebenan über die Wiese hüpfen sehe.

„Hey!", rufe ich und trete schnell aus der Bude.
„Hey!", ruft Anna zurück. Sie steht bereits am Zaun. „Alles okay bei dir? Meine Mom hat gesagt, du hast nach mir gefragt. War was Wichtiges?"
„Ja, aber das hat sich schon erledigt. Es ging um meine Einladungskarten."
„Ach sooooo!" Anna atmet erleichtert aus. „Na, zum Glück! Ich dachte schon, es wäre **WIRKLICH** was Wichtiges."

Ich ziehe eine Augenbraue hoch und schlucke meinen Ärger darüber hinunter, dass Anna meine Einladung wohl **NICHT** wichtig findet.

„Juli war so komisch drauf heute Morgen …", meint Anna und legt den Kopf schief. „… Ich habe mir schon Sorgen gemacht, dass sie krank sein könnte."

„Ach Quatsch", brumme ich. „Sie hat wahrscheinlich nur **IHRE TAGE.**"

Anna sieht mich an und nickt dann vielsagend.

Sie kennt Juli gut genug, um zu wissen, was ich damit meine: An manchen Tagen hat Juli einfach nur schlechte Laune. Keiner weiß, warum, und keiner kann etwas daran ändern. So ist Juli eben!

„Und wie geht es **DIR** so?", fragt Anna jetzt und sieht mich eindringlich an. „Was macht denn deine Partyplanung?"

„Alles super", lüge ich und kratze mich an der Nase. „Kommt gut voran."

Auch ohne euch – ergänze ich in Gedanken.

Dann sagen wir erst mal nichts mehr, und Anna schaut runter auf ihre Schuhe. Ich folge ihrem Blick und muss schlucken.

„Und bei dir so?", frage ich beiläufig. „Wart ihr am See?"
Anna nickt. Auch sie kratzt sich jetzt an der Nase.
„Das Wasser ist aber noch viel zu kalt zum Schwimmen", murmelt sie.
„Aha."
Noch einmal schaut Anna auf ihre Schuhe, und ich überlege, was ich sagen könnte. Mir fällt aber nichts ein, also schweigen wir noch ein bisschen.
„Na dann", sagt Anna nach einer Weile, und ich weiß noch immer nicht, was ich sagen soll. Also sage ich auch: „Na dann."

Und dann gehen wir beide ins Haus.
Anna in ihres und ich in meins.

Und erst als ich wieder **ALLEINE** und in meinem Zimmer bin, fällt mir auf, dass ich vergessen habe, Anna ihre Einladung zu geben …

Einladungen

„Wen hast du denn alles eingeladen zu deiner Party?",
fragt mich Mama am nächsten Morgen beim Frühstück.
„Noch gar keinen."
Ich lege die Einladungskarten vor mir auf den Küchentisch, und Mama reißt die Augen auf.
„**ABER** die Party ist doch schon **ÜBERMORGEN!**"

„**NA UND?!** – Also eine Woche vorher sollte man den Leuten schon Bescheid geben! Damit sie sich den Termin auch freihalten können. Vor allem weil ja auch noch Pfingsten ist!"

Ich winke ab.

„Ach, mach dir da mal keine Sorgen. Ich habe alle schon an Max' Geburtstag informiert. Die können es sicher kaum erwarten zu kommen!"

Mama schmunzelt kurz, dann wird ihr Gesicht wieder ernst.

„Apropos Max. Habt ihr euch eigentlich gestritten?"

Die Frage klingt betont lässig, aber ich sehe, dass sie schon eine ganze Weile auf Mamas Zunge gelegen hat.

„Na ja, ich habe ihn gestern gar nicht gesehen, und Anna auch nicht."

„Ach so, **DAS** ...", sage ich etwas zu schnell, „... das ist nur, weil Juli Watson nicht mag. Deshalb bleibt Max lieber mit ihm zu Hause. Und Anna leistet den beiden Gesellschaft."

Mama zieht eine Augenbraue hoch, und ich drehe mich um, weil Juli draußen wiehert.

Durch das offene Fenster sehe ich Anna, die gerade am Gartenzaun steht. Sie streichelt Julis Nase, dann läuft sie weiter zur Einfahrt, verschwindet in der Garage und fährt kurz darauf mit ihrem Fahrrad vom Hof.

Juli schaut ihr hinterher, und in meinem Bauch zieht schon wieder irgendetwas ... es zieht mich nach draußen.

sage ich deshalb zu Mama.

„... meine Einladungskarten verteilen."

Als ich nach dem Zähneputzen in den Garten komme, ist Juli nirgendwo zu sehen.

Komisch. Gerade war sie doch noch da …

Ich suche den ganzen Garten ab, was nicht besonders lange dauert.

Juli ist weder hinter ihrer Bude noch im Hauptquartier.

Und im Kastanienbaum sitzt sie auch nicht.

Wahrscheinlich ist sie mal wieder ausgebüxt, denke ich gerade, als Papa hinter dem Haus in wildes Gelächter ausbricht.

Ich gehe also ums Haus herum und finde in unserem Vorgarten nicht nur Papa, sondern auch Juli, die mit vollen Backen mitten in Papas Gemüsebeet steht. Sie hat etwas Grünes im Maul, und zwischen ihren Zähnen spritzt heller Saft hervor.

Ih. „Ist das etwa Zucchini?!", frage ich ungläubig und unterdrücke einen Würgreiz. (Ich **HASSE** Zucchini**!**)

„Nee, Gurke", antwortet Papa belustigt. „Juli hat sie **ALLE** gefressen! Schau."

Er deutet fast schon stolz **auf die enorme Verwüstung in unserem Vorgarten.**

„Aha", sage ich und sehe Juli dabei zu, wie sie den letzten Rest Gurke einsaugt. „Wusste gar nicht, dass sie die mag."

„Ich auch nicht", meint Papa. „Aber gut zu wissen, oder? Dann probiere ich es noch mal mit Tomaten nächsten Monat. Soweit ich weiß, frisst sie die nicht."
Ich nicke lahm.

„Bist du dann so weit fertig?", frage ich nun Juli und ziehe eine Augenbraue hoch. „Ich bräuchte dich nämlich mal!"
Juli schnaubt und nickt. Dann schüttelt sie ein paar Erdklumpen aus ihrer Mähne und folgt mir brav zurück in unseren Garten.
„Wir müssen **DRINGEND** die Einladungskarten verteilen", erkläre ich Juli, hole den Sattel aus ihrem Stall und verstaue die Karten in der Satteltasche. Juli schnaubt zufrieden, und mir fällt auf, dass wir echt lange nicht mehr ausgeritten sind.

„Wir gehen am besten erst mal zu Max", sage ich so beiläufig wie möglich, während ich Juli die Trense überstreife. Juli scheint nichts dagegen zu haben, denn sie widerspricht nicht, **und so machen wir uns sofort auf den Weg.**

Als wir bei Max ankommen, kann ich schon von Weitem Annas Stimme aus dem Garten hören. Sie klingt ziemlich aufgebracht, also bleibe ich vorsichtshalber stehen. (Ich mag es nicht besonders, wenn Anna aufgebracht ist.)

„Jetzt sei doch nicht so", sagt sie gerade. „Du weißt doch, wie er ist ..."

„Oh ja!", höre ich nun auch Max' Stimme, die nicht weniger aufgebracht klingt. „Ich weiß ganz **GENAU**, wie er ist! Hauptsache, **ER** hat seinen Plan. Und da ist es dann auch ganz egal, ob ich dabei bin oder nicht!"
„Das stimmt doch nicht", meint Anna nun beschwichtigend.
„Oh doch, das stimmt!", motzt Max. „Bei **MIR** hat er sich jedenfalls seit Tagen nicht mehr gemeldet! Wahrscheinlich ist er einfach nur froh, dass Watson ihn nicht mehr bei seiner Partyplanung stört."
Es entsteht eine kleine Pause, und ich halte den Atem an.

Reden die etwa von MIR?!

„Aber ich sag dir was", schimpft Max jetzt weiter. „Wenn Watson ihn so sehr stört, dann bleiben wir eben zu Hause. Und dann kann er seinen Geburtstag **ALLEINE** feiern!"
„Jetzt mach aber mal ´nen **PUNKT!**" Annas Stimme ist jetzt unerwartet laut. „Du weißt doch, wie wichtig ihm sein Geburtstag ist!"

Max schnaubt.

„Ja. Und **MIR** ist Watson wichtig!", erwidert er schnippisch.
„Und **DER** ist dort ja nicht gerade willkommen, oder?"

Ich schlucke.

„Nicht hinzugehen ist aber keine Option", meint Anna jetzt entschieden. „Ihr **MÜSST** miteinander reden! Einer für alle …"

Max schweigt, und auch Anna sagt jetzt nichts mehr. Es ist so still, dass es mir in den Ohren wehtut.

Im nächsten Augenblick knallt es plötzlich über mir, und ein greller Blitz durchzuckt den Himmel.

„Es fängt an zu regnen", höre ich Anna rufen, und Watson bellt hektisch.

„Los, rein!", ruft Max, und noch in derselben Sekunde ergießt sich ein Sommerregen über uns. Die Tropfen sind so groß wie Murmeln.

Ich sehe zu Juli rüber, die auf einmal sehr erschöpft aussieht. **Und nass.**

flüstere ich ihr zu,
„... lass uns nach Hause gehen."

Zu Hause angekommen gehe ich sofort nach oben in mein Zimmer und werfe die nassen Klamotten ab.

Dann lasse ich mich aufs Bett fallen.

Morgen ist mein Geburtstag, und ich war mir sicher, dass Anna und Max kommen würden …

Ich denke daran, was Max gesagt hat, und dann denke ich an das, was er nicht gesagt hat:

Alle für einen

denke ich und spüre, wie sich mein Magen schon wieder zusammenzieht …

Happy Birthday

„Happy birthday to you,
Marmelade im Schuh,
Aprikose in der Hose und 'ne Möhre dazu!"

Mama, Papa und Juli stehen singend vor meinem Bett, und durch das offene Fenster höre ich auch Anna nebenan mitsingen. Ich reibe mir den Schlaf aus den Augen und muss schmunzeln.

Anna kann echt **ALLES**, nur singen kann sie leider nicht.

Mama hat mir einen Kuchen gebacken, und Juli hat ihn zur Feier des Tages noch **NICHT** gefressen.

Dafür hat sie mir ein paar Blumen gepflückt.

Wahrscheinlich aus Nachbars Garten.

(Dem von Herrn Sauber.)

„Alles Liebe zum Geburtstag, mein Engel", sagt Mama, und Papa durchwuschelt meine Locken.
Juli schnaubt, dann leckt sie mir mit ihrer riesigen Zunge einmal quer durchs ganze Gesicht.

Jetzt bin ich endgültig wach!

Annas Gesang nebenan ist verstummt, und ich habe zur Abwechslung mal wieder ein Ziehen im Magen – wegen des Kuchens. Zitronenkuchen ist Max' Lieblingskuchen, und Max war bisher immer da an meinem Geburtstag.
IMMER, denke ich …

… als es plötzlich an der Tür klingelt.

rufen Anna und Max gleichzeitig, und ich bin
WIRKLICH überrascht.

Max ist gekommen!!!

„Ach, ist das schön, euch zu sehen", ruft Mama, die nun hinter mir die Treppe runterkommt. „Los, immer herein in die gute Stube. Es gibt Zitronenkuchen!"
Anna springt sofort an mir vorbei ins Haus, aber Max bleibt in der Tür stehen. Ich merke, dass ich blass werde.
„Es gibt Zitronenkuchen", wiederhole ich kleinlaut, was Mama ja schon gesagt hat, und mache die Tür noch ein Stück weiter auf.
Max bewegt sich nicht.
„Ich hab Watson dabei", sagt er stattdessen, und erst jetzt sehe ich, dass sich der Hund hinter Max' Beinen versteckt hält. „Anna meinte, das sei schon okay, aber vielleicht war es doch eine blöde Idee, ihn mitzubringen …"

„Nein, **NULL!**", rufe ich schnell. „Das war eine **GUTE** Idee! Watson ist hier immer willkommen! **WIRKLICH!!!**" Ich mache einen Schritt auf Max zu. „Ihr **BEIDE** seid das!"

Wir sehen uns fest in die Augen, Max und ich.

Dann lächelt er, und ich sage:

Während wir Kuchen essen, sehe ich immer wieder erleichtert zu Max rüber, der „aus Versehen" einen Krümel nach dem anderen auf den Boden fallen lässt.

Ich muss kichern, weil Watson auf meiner Party mittlerweile auch SEHR gut als Fußball gehen könnte. Genauso wie Juli.

Die sitzt neben mir und beobachtet den kleinen runden Hund, der immer wieder zwischen ihr und Max hin- und herläuft.

Ob sie wohl auch ein schlechtes Gewissen hat wegen der Sache mit Watson?,

überlege ich gerade, als Juli plötzlich einfach aufsteht und nach draußen spaziert.
Das Gespräch am Tisch verstummt, und alle sehen ihr hinterher.
„Ist was mit Juli?", fragt Anna, und ich zucke mit den Schultern.
Ich hab **KEINE** Ahnung.

„**ICH** habe mich das auch schon gefragt", meint Papa jetzt und legt Max noch ein Stück Kuchen auf den Teller. „Sie hat kaum etwas gefressen heute Früh. Und gestern Abend auch nicht."
„Vielleicht sind ihr die Gurken nicht bekommen", meint Mama kichernd, aber Papa bleibt ernst.
„Sie hat noch nicht mal die Karotte gefressen, die ich ihr heute Morgen hingelegt habe."
Beim Wort Karotte gehen Watsons Ohren schlagartig nach oben, und er hechelt aufgeregt.
„Dasch ischt **WIRKLISCH** seltscham", kommentiert Max mit vollem Mund, und Anna sieht mich an.

„Ist denn irgendetwas vorgefallen gestern?“, fragt sie, und ich zucke noch einmal mit den Schultern.
„Nicht, dass ich wüsste“, gebe ich zögernd zurück, doch dann fällt mir unser Ausritt wieder ein.
Ich denke an das Gespräch, das Juli und ich belauscht haben, und bin mir plötzlich ziemlich sicher, dass ihr Verhalten auch **DAMIT** zu tun haben könnte …
„Vielleicht hatte sie keinen Appetit, weil sie euch vermisst hat“, überlege ich laut, und Annas Augen werden ganz weit.
„Oawww“, macht sie und sieht mich ganz liebevoll an.
„Meinst du?!“, fragt Max, und auch er macht ganz große Augen.

„Klar", sage ich. „Juli und ich – wir haben euch **BEIDE** schwer vermisst!"

Max klopft mir von rechts auf den Rücken, und Anna lässt von der anderen Seite ihren Kopf auf meine Schulter sinken.

„Wir haben euch auch vermisst", flüstert sie mir zu. Und gerade als mir die Gänsehaut von den Zehen bis in die Haarspitzen kribbelt, hören wir draußen einen gewaltigen Knall.

Alle stürmen in Richtung Fenster, nur Max und ich stehen bereits in der offenen Terassentür.

„Ach, du grüne Neune!", stöhnt Max, und ich schlage mir eine Hand vor den Mund.

GRÜN ist nämlich so ziemlich das Einzige, was beim Blick in den Garten **NICHT** mehr zu sehen ist.

Die Wiese ist jetzt braun.

Ein einziges **MATSCHFELD!**

Und inmitten dieses Matschfelds pflügt Juli gerade durch den Dreck. Sie ist hinter Watson her, der (eine Karotte im Maul) vor ihr davonspringt.

Immer, wenn Juli ihn fast eingeholt hat, schlägt der flinke Hund einen Haken, woraufhin Juli ihr ganzes Gewicht in die Wiese stemmt und ebenfalls die Richtung wechselt.

Da es sich hier um ein beachtliches Gewicht handelt und der Boden noch feucht ist vom gestrigen Gewitter, hebt sich der Rasen wie ein Teppich von der Erde und fliegt über den Zaun rüber in Herrn Saubers Garten.

„Juli!!", brülle ich und renne zusammen mit Max in den Garten, der zeitgleich: „Watson!" ruft.

Beide Tiere bleiben abrupt stehen und sehen uns fragend an.

„Komm sofort her!", befiehlt Max und nimmt Watson kurz darauf die Möhre aus dem Maul. „Die gehört dir nicht", sagt er streng und reicht die Karotte an mich weiter.
Ich halte das angesabberte Gemüse mit spitzen Fingern von mir weg und weiß nicht, was ich damit soll.
„Du kannst sie Juli zurückgeben", murmelt Max nun kleinlaut, also halte ich Juli die Möhre hin. Die steht etwas belämmert vor mir und sieht mich noch immer fragend an.
„Hier, nimm!", sage ich, und Juli gehorcht widerwillig. Sie nimmt die Karotte langsam zwischen ihre Zähne und verzieht dann das Gesicht.

„Guten Appetit“, ermuntere ich sie, aber Juli sieht jetzt zu Watson runter, der neben ihr auf und ab hüpft.
Juli blinzelt. Dann hält sie die Karotte direkt vor Watsons Nase, und der kleine Hund schnappt zufrieden danach.
Er gibt ein kurzes „Jau“ von sich, dann zieht er mit seiner Beute im Maul ab.

„Na, wenn das mal kein Friedensangebot ist“, meint Anna, die mittlerweile neben uns steht.
„Aber echt!“, bekräftigt Max und nickt mir zu.
Ich sage nichts.
Stattdessen starre ich schockiert auf unseren Garten, der gar nicht mehr nach einem Garten aussieht …

Wie soll ich denn hier morgen meine Party feiern?!

Alle für einen

„Das mit deiner Party kriegen wir schon hin!", meint Max zuversichtlich, und Anna klopft mir beruhigend auf die Schulter.

„Genau. **ALLE FÜR EINEN!**", sagt sie.

„Wie sieht denn dein Plan für morgen überhaupt aus?"

Ich ziehe mein Notizbuch aus der Tasche und zeige Anna und Max die Liste mit meinen Partyplänen.

„Besonders viel ist das ja nicht gerade", stellt Max fest und zwinkert mir zu. Ich nicke.

„Du hast bei der Planung ja schließlich auch gefehlt!", sage ich und knuffe ihn in die Seite.

„Na, jetzt bin ich ja wieder da!"

Max krempelt die Ärmel hoch.

„Mir nach!"

Max watet vorsichtig durch den Schlamm bis zum Kastanienbaum und deutet auf den matschigen Boden. „Hier könnte man den Tisch aufstellen", meint er. „Es ist sogar noch ein bisschen Wiese übrig."

Ich stöhne.

Aus meiner Sicht sieht der Boden hier genauso aus wie der übrige Garten: nichts als Schlamm, mal abgesehen von maximal **VIER** Grashalmen.

Juli scharrt mit den Hufen im Dreck, dann stupst sie mich aufmunternd in die Seite, und mir kommt eine Idee: „Juli, roll dich!", sage ich entschieden, und Juli macht ausnahmsweise mal **SOFORT** das, was sie soll: Sie lässt sich auf den Boden sinken und rollt sich durch den Matsch.

Nach einigem Hin- und Hergerolle ist der Boden plattgepresst und fest wie Beton.

„Super Idee", lobt mich Anna. „Und wo wolltest du die Tore aufstellen?"

Ich zeige auf den schlammigen Platz hinter Julis Bude.

„Oh. Na, dann sollte Juli da wohl **AUCH** mal ein bisschen hin- und herrollen, oder?"

Max nickt zustimmend, aber ich winke ab.

„Sie kann doch nicht den kompletten Garten abrollen", gebe ich zu bedenken. „Und so wie der aussieht, können wir hier auf **GAR** keinen Fall Fußball spielen!"

Juli schnaubt noch einmal und schüttelt sich heftig.

Dreck fliegt in alle Richtungen.

„Wir könnten doch auch auf der Wiese hinter dem Feldweg spielen“, überlegt Anna laut.

Max schnaubt.

„Also **DAS** ist mir jetzt wirklich ein bisschen zu **VIEL** Gras“, stellt er belustigt fest, und wir sehen alle rüber zur Gemeindewiese, die seit Monaten nicht mehr gemäht wurde.

„Ein Rasenmäher kommt da ganz sicher nicht mehr durch“, meint Max, und ich kratze mich am Kinn.

„Ein Rasenmäher nicht, aber ein Traktor bestimmt!“

Anna und Max strahlen mich an.

rufen sie im Chor.

Keine Stunde später steht Herr Hoppe auch schon samt Traktor in unserer Einfahrt.

„Naaaa, wie kann ich behilflich sein?", fragt er grinsend und zeigt uns dabei seine Zahnlücke.

Herr Hoppe ist nämlich nicht nur Julis früherer Besitzer, er ist auch der beste Freund der Familie und einfach ein guter Typ!

Er besitzt einen Traktor, eine Kutsche **UND** einen Oldtimer. – Einen **URALTEN** Jeep, mit dem er uns im letzten Sommer alle zusammen an die Nordsee gefahren hat. Der Ponyhof, wo wir unsere Ferien verbracht haben, gehört nämlich seinen Freunden – Svenja und Matthis.

Und wir haben wirklich schon

zusammen erlebt!

„Na, dann wollen wir mal", brummt Herr Hoppe jetzt und wirft den Motor an.

Es dauert nicht lange, bis ein großer Teil der Wiese gemäht ist.

Mithilfe eines speziellen Aufsatzes schiebt Herr Hoppe jetzt noch das Gras zur Seite, sodass in der Mitte die Fläche eines Fußballfeldes freiliegt.
„So, das hätten wir!", meint er und lächelt zufrieden. „Jetzt kann die Party steigen!"

„**Fast**", sage ich und stupse Anna an.
„Die Deko fehlt noch!"

„Wo sollen denn die Luftballons hin?", fragt mich Max, und ich zeige nacheinander auf die Bude, in Richtung Kastanienbaum, auf den Kirschbaum **UND** auf die Terrasse.

Wir hängen **ÜBERALL** Luftballons auf, und als wir jetzt noch die bunten Decken über dem Biertisch ausbreiten, kribbelt die Vorfreude heftig in meinem Bauch.

„Fehlt nur noch die Brasilienfahne", sage ich und mache mich auf den Weg ins Hauptquartier, wo ich die restliche Deko abgelegt habe.

Leider liegt die Fahne aber **NICHT** mehr auf dem Tisch, und als ich Juli draußen wiehern höre, ahne ich Böses …

EEEEEYYYYY!

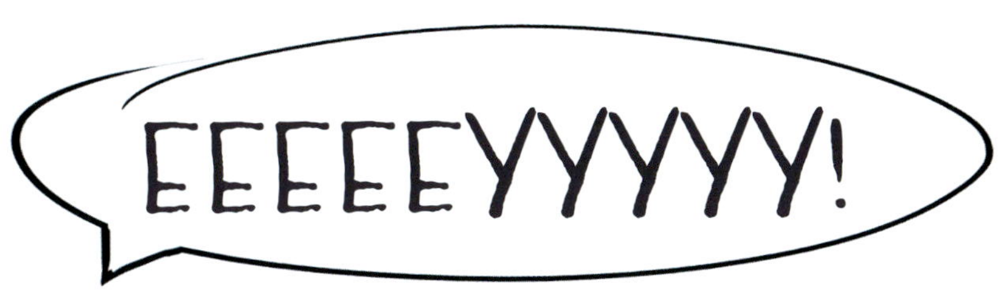

wiehert Juli und rennt mal wieder hinter Watson her, der die Brasilienfahne hinter sich herzieht.
Noch bevor ich eingreifen kann, hat Juli den Hund bereits eingeholt und reißt ihr Maul auf …

„Juli, NEIN!", brülle ich.
Aber es ist schon zu spät.

Juli hat sich das andere Ende der Fahne geschnappt, und nun stehen sich Hund und Pferd gegenüber. Beide mit finsterem Blick, **verbissen in die Brasilienfahne.**

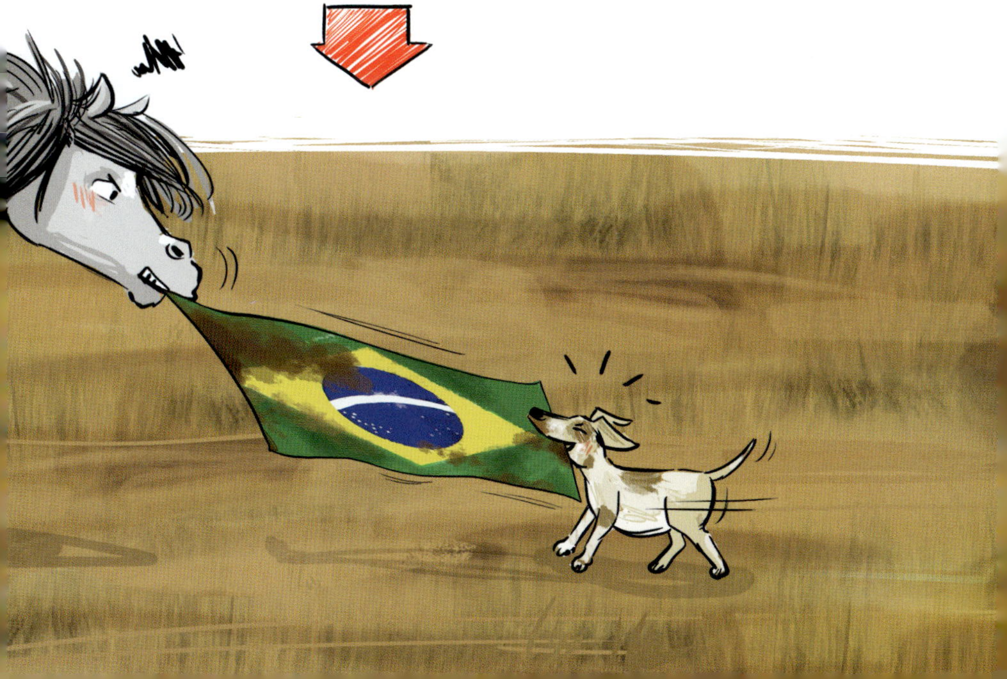

„Das war es dann wohl mit der Fahne", kommentiert Max wenig später, während er versucht, etwas Abstand zwischen Juli und Watson zu bringen.
„Ach, die kriegen wir wieder hin", meint Anna schnell und hält mit spitzen Fingern einen Teil der matschtriefenden Fahne hoch.
„Bestimmt", gebe ich zurück und beobachte Max, der Watson gerade an die Leine legt.
„**DAS** ist jetzt aber nicht nötig", sage ich, und Max stöhnt.
„Doch, das ist es", sagt er und deutet theatralisch auf Watson, der nun wie ein Gummiball an der Leine herumspringt und versucht, die Luftballons zu zerbeißen.
„Ich bringe ihn besser mal nach Hause, damit er nicht noch mehr Chaos anrichtet!"

„Und ich bring DIE hier mal nach Hause“, meint Anna jetzt, während sie bereits die Einzelteile der Brasilienfahne einsammelt. „Mein Vater kann das mit der Maschine nähen. Die wird aussehen wie neu!“
Ich nicke, während Anna und Max bereits über den Zaun hüpfen.

„Ach ja“, ruft Max mir zu, während er sich schon auf sein Rad schwingt, „wann geht's denn eigentlich los morgen?“
„Um 14:00 Uhr“, rufe ich zurück und winke ihm noch nach, als er bereits die Straße hinunterrollt.

Das stand doch auch auf den Einladungskarten …, denke ich, und plötzlich wird mir ganz heiß.

Die

Legendär …

Die **EINLADUNGSKARTEN** stecken noch immer in der Satteltasche!!!

Schnell hole ich den Sattel aus der Stallkammer und beeile mich, ihn auf Juli festzuzurren.

„Hast du zugenommen?", frage ich mit Blick auf den Gurt, den ich kaum noch ins erste Loch bekomme.

Juli wiehert.

Es klingt wie:

Die Einladungskarten haben wir dann aber ziemlich schnell verteilt.

Leider klingelt am nächsten Morgen mindestens genauso schnell das Telefon, und die Mutter der Zwillinge ist dran: „Thea ist krank", sagt sie. „Und Mats auch. Die beiden sind sehr ansteckend und können leider nicht kommen."

NA TOLL!!!

Kurz darauf ruft Silas an.
ER fährt am Wochenende zu seinen Großeltern.
Und auch Mia sagt ab. Sie hat die Einladungskarte gerade erst gefunden und heute schon etwas anderes vor.

Ich werfe das Telefon aufs Sofa und weiche Mamas Blick aus. Sag jetzt bloß nichts, denke ich, und Mama sagt nichts. Stattdessen sieht sie auch schnell weg und presst ein paar Zitronen aus.

„Wird bestimmt trotzdem eine gute Party", murmelt Papa nicht sehr überzeugt, und ich gehe nach oben, um alleine zu sein.

So viel zu meiner LEGENDÄREN Geburtstagsparty, denke ich und erkenne die Ironie.

Denn:

LEGENDÄR wird sie werden – ohne Gäste!

Ich habe mir dann aber vorgenommen, das Beste aus der Situation zu machen und die Party **TROTZDEM** zu genießen. Anna und Max werden da sein – das ist die Hauptsache! Und mit Lennon können wir zumindest zwei gegen zwei spielen!

Ich ziehe mein Brasilien-Shirt an und mache mir eine Fußballerfrisur.

Als ich damit fertig bin, ist es schon 13:30 Uhr, also habe ich noch genau eine halbe Stunde Zeit, um Juli als Fußball zu verkleiden.
DAS klappt wider Erwarten **SEHR** gut, denn Juli steht (mal wieder) träge auf der Wiese herum und bewegt sich nicht.
Der runde Bauch passt **WUNDERBAR** zur Verkleidung.
Witzig sieht das aus!

„Sieht witzig aus", höre ich da auch schon Annas Stimme hinter mir, und keine Sekunde später fällt sie mir bereits um den Hals. „Noch einmal alles nur Gute zum Geburtstag nachträglich!"
„Ja, Mann, herzlichen Glückwunsch!" Max klettert umständlich über den Zaun. Er hat ein **RIESIGES** Geschenk dabei, das er mir nun feierlich überreicht.
„Hier! Von uns beiden."

„DANKE", sage ich und fummele bereits die Schleife auf. In dem riesigen Paket ist noch ein kleineres Paket und darin noch eins und noch eins und noch eins …

Ich stöhne.

Dann (endlich) öffne ich den letzten Karton, und darin liegt:

„Aber nicht **IRGENDEIN** Fußball", kommentiert Anna, während ich den Ball bereits aus dem Karton hebe.

Ehrfürchtig drehe ich ihn in meiner Hand hin und her.

So lange, bis ich **ALLE** Unterschriften gesehen habe, die mit schwarzem Filzstift darauf gemalt wurden.

„Die ganze Brasilien-Mannschaft hat unterschrieben", meint Anna und strahlt mich an.

„DEIN ERNST?!"

„Klar", sagt Max jetzt mit ein wenig Stolz in der Stimme. „Oma hat den besorgt. Jakobs Sohn kennt den Trainer."

DANKE!!!

schreie ich und falle den beiden um den Hals.

„Wann kommen denn eigentlich die anderen Gäste?", fragt Max jetzt und sieht zum Kuchentisch rüber. „Ich hab ganz schön Hunger."

„Ja, also das ...", murmele ich, „... ist leider ein bisschen blöd gelaufen." Anna und Max sehen mich fragend an, und ich sage:

„Es kommt eigentlich nur **EIN** Gast – außer euch."

Max zieht eine Augenbraue hoch, und Anna ruft: „**WAAAAS?!** Wieso **DAS** denn?!"

„Mats und Thea sind krank, die anderen haben die Einladung zu spät bekommen ..."
Anna sieht mich mitfühlend an.
„Wie schade!"
„Ja, schon ...", sage ich, „... aber mit Lennon können wir ja zumindest zwei gegen zwei spielen."
„Oh", murmelt Anna und sieht zu Max rüber „Das ist jetzt aber **WIRKLICH** blöd gelaufen!"
„Wieso?", frage ich irritiert und sehe erst Anna und dann Max an. Der macht jetzt ein ganz betretenes Gesicht.
„Ich wusste nicht, dass du Lennon eingeladen hast", murmelt er. „Und **LENNON** wohl auch nicht ... Der passt nämlich gerade auf Watson auf, damit wir auf der Party unsere Ruhe haben. – Ich wollte dir damit eigentlich einen Gefallen tun ... Sorry, Mann!"
Max sieht betreten zu Boden, und erst jetzt fällt mir auf, dass er den Hund ja gar nicht dabeihat ...
Aber noch bevor ich mich fragen kann, wie ich das finden soll, hören wir auch schon wildes Gebell, und

Watson springt über den Zaun in unseren Garten.

„Watson!", ruft Max überrascht, aber Watson beachtet ihn gar nicht. Er stürmt an uns vorbei und springt wild kläffend und winselnd auf Juli zu.
Juli steht (noch immer als Fußball verkleidet) auf der Wiese und sieht irgendwie gar nicht gut aus.
Ihre Hinterbeine zittern ein bisschen, dann knicken sie plötzlich ein, und der ganze dicke Julikörper kippt auf die Seite.

Wir springen alle auf.

Wenig später stehen wir **ALLE** um Juli herum.

Anna, Max, Mama, Papa und ich.

Watson hat sich ganz eng an Julis Kopf geschmiegt und leckt an ihrer Nase. Sie atmet ganz schwer.

„Sie atmet ganz schwer", sage ich und sehe panisch zu Mama rüber, die bereits die Tierärztin am Telefon hat. „Ja, sie atmet ganz schwer", ruft sie jetzt auch in den Hörer. „Die Kinder sagen, sie sei ganz plötzlich umgefallen. Ja … hmmm … Ich glaube nicht."

Mama sieht erst mich an, dann Papa.
„Hat sie irgendetwas Außergewöhnliches gefressen?"
Papa schüttelt den Kopf, aber ich sehe instinktiv zum Kirschbaum rüber, an dem vorhin noch die Piñata hing ...
Mamas Blick ist meinem gefolgt, und sie reißt die Augen auf.
„Doch", sagt sie schnell, und ihre Stimme klingt schrill.
„Anscheinend hat sie einen **HAUFEN** Süßigkeiten gefressen! Wahrscheinlich mit Verpackung! – Mhmhm ... Ja ... Okay ... Das machen wir. Bis gleich!"
Sie legt auf.
„Und?! Was sagt sie?" Papa sieht sehr besorgt aus.
„Frau Fügen sagt, dass es vielleicht eine Kolik sein könnte."
Anna zuckt neben mir zusammen und macht ein Geräusch.
„Hhhhh", macht sie, und ich zucke ebenfalls zusammen.
„Was ist?!" Auch Max sieht nun **SEHR** erschrocken aus.
„Eine Kolik ist **RICHTIG** gefährlich für Pferde", flüstert Anna, und ich merke, wie mir das Blut in die Beine sackt.
„Sie sagt, Juli muss sich bewegen", meint Mama jetzt, und ich sehe Juli fest in die Augen.
„Los", flüstere ich, „du musst aufstehen."
Juli blinzelt, dann setzt sie sich langsam in Bewegung.
Gaaaanz langsam zwar, aber immerhin.

„Und jetzt?"

Juli sieht mich an. Sie atmet heftig aus, und dann fängt Watson (mal wieder) an zu bellen. Es klingt (ungelogen!) wie:

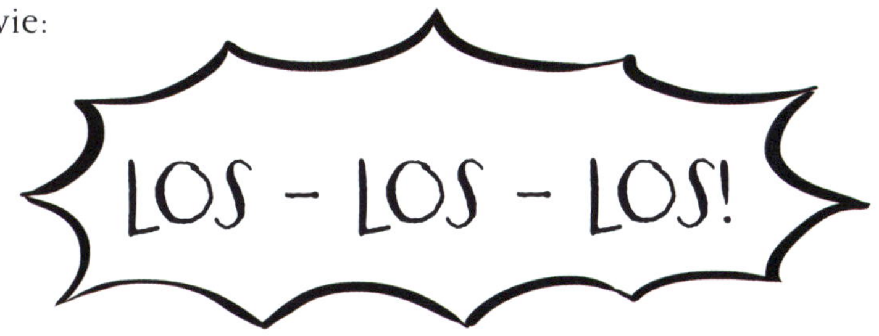

Brav setzt Juli jetzt einen Huf vor den anderen, und ich werfe Watson einen dankbaren Blick zu. Der läuft nun wie ein Fußballtrainer neben Juli her und treibt sie weiter an.

LOS
LOS
LOS, bellt er.

So lange, bis ENDLICH das Auto der Tierärztin in die Einfahrt einbiegt.

„Na, was fehlt dir denn?", fragt die Tierärztin, und Juli wiehert. Es klingt wie:

Niiihiiiix!

„Verstehe."

Die Tierärztin setzt erst ihre Brille auf die Nase und dann das Stethoskop auf die Ohren. „Was hat sie denn nun genau gefressen?"
Mama überlegt nur kurz.
„Zehn Schokoriegel, fünf Tafeln Schokolade – Vollmilch, zehn Packungen Kaugummi – Minze,
und etwa dreißig Lutscher mit Kirschgeschmack."
Max entfährt ein Grunzen, und die Tierärztin zieht eine Augenbraue hoch.
„Ist das Ihr Ernst?"
„Ja. Leider."

Die Tierärztin macht nun ein **SEHR** besorgtes Gesicht und legt das Stethoskop an Julis dicken Bauch.
Mit ernster Miene bewegt sie das runde Metallteil vor und zurück, dann reißt sie plötzlich den Kopf hoch und wird ganz hektisch.

„Ich muss noch mal zum Auto!", ruft sie und stürmt auch schon in Richtung Einfahrt.

„Was ist denn **JETZT** los?", stöhnt Mama.
Max fährt sich mit der Hand übers Gesicht, und Anna kaut an ihren Nägeln.
Ich trete unruhig von einem Bein aufs andere und werfe einen Blick rüber zu Papa, dem Schweißtropfen über die Stirn laufen.
Dann ist die Tierärztin zum Glück wieder da.
Sie hat einen Koffer dabei, den sie jetzt öffnet.
Im Koffer liegen eine Menge seltsamer Zangen und:
PINKE Gummihandschuhe.
Genau genommen ist es nur **EIN** Gummihandschuh.
Ein **RIESIGER** Gummihandschuh!

Die Tierärztin zieht sich den Gummihandschuh über die linke Hand, dann weiter über den Arm bis hinauf zur Schulter.
Ich schlucke, und Papa entfährt ein Stöhnen.

Ich werfe einen irritierten Blick in die Runde: Alle Münder stehen weit offen. (Sogar der von Watson.)

„Bitte halten Sie das Pferd einmal fest", bestimmt die Tierärztin jetzt, und Mama geht sofort nach vorne zu Julis Nase.

Die lässt ihren riesigen Kopf dankbar in Mamas Arme sinken und schließt die Augen.

„Bereit?", fragt die Tierärztin, und wir murmeln ein gemeinschaftliches **„Ja"**, obwohl sie wahrscheinlich mit Juli gesprochen hat.

Die Tierärztin hebt nun Julis Schweif und schiebt dann langsam ihre Hand hinten in Julis Po. Immer tiefer und tiefer ...

Juli schnaubt, und ich stöhne.

„Entleeren Sie jetzt den Darm?", fragt Papa mit belegter Stimme, während Anna neben ihm die Augen zusammenkneift. Max sieht so aus, als würde er gleich in Ohnmacht fallen.

„Nein", sagt die Tierärztin nur knapp.

Sie sieht **SEHR** konzentriert aus.

Dann dreht sie ihren Arm langsam in Julis Hintern hin und her.

Mir wird irgendwie schlecht.

„Fühlen Sie etwas?", fragt Mama besorgt, aber die Tierärztin antwortet nicht. Sie runzelt nur die Stirn.

Dann – **ENDLICH!** – sagt sie: „Allerdings!", zieht ihre behandschuhte Hand aus Julis Hinterteil und sieht uns triumphierend an.

„Ich weiß jetzt, was das Problem ist ..."

Die Tierärztin zieht nun erst einmal in aller Seelenruhe den rosa Handschuh aus und putzt ihre Brille. Sie ist ein wenig beschlagen.

„Was **IST** denn nun das Problem?!", platzt es aus mir heraus, und erst jetzt sieht die Frau im weißen Kittel endlich zu uns rüber. Sie räuspert sich, dann huscht ein Lächeln über ihr Gesicht. Sie deutet auf die Party-Deko und sagt: „Herzlichen Glückwunsch! – Ihr werdet wohl schon sehr bald **NOCH** einen Geburtstag feiern!"

„Noch einen Geburtstag?!", rufen Mama und Papa wie aus einem Mund, und ich verstehe **GAR** nichts mehr. **NOCH** einen Geburtstag **?!** – Was soll **DAS** denn heißen?!

ERST DANN KAPIERE ICH ES!

„Juli ist schwanger?", presse ich jetzt heraus, und Anna springt neben mir auf und ab. Sie ruft immer wieder: „Juli bekommt ein Fohlen! Juli bekommt ein Fohlen! Juli bekommt ein Fohlen!"

Ich sehe Max an, der offensichtlich sprachlos ist. Geistesabwesend streichelt er immer wieder über Watsons Kopf.

Der Hund hat einen so zufriedenen Gesichtsausdruck, dass man meinen könnte, er selbst sei der Vater.

Und Juli?!

Die versteht, glaube ich, die ganze Aufregung nicht. Gerade als Anna mal kurz mit ihren Jubelrufen aufhört, entfährt ihr ein gigantischer Furz, der so laut ist und so krass stinkt, dass wir alle erst mal ein paar Meter zurückgehen müssen. Alle bis auf Watson.

Der bellt ein begeistertes: „JAU!"

„Na, jetzt geht es wohl schon etwas besser, oder?", fragt die Tierärztin und tätschelt Julis Hals. „Da haben Sie aber noch mal Glück gehabt. – Bei den ganzen Süßigkeiten! Zucker ist wirklich **SEHR** ungesund für Tiere!"

„Ist Juli deswegen umgefallen?", fragt Anna besorgt, aber die Tierärztin schüttelt sofort den Kopf.
„Ich denke, das war nur eine Ermüdungserscheinung. Ganz normal in der Schwangerschaft. So wie ich das sehe, ist eine Kolik eher auszuschließen."
Wir sehen jetzt alle Juli an, die wirklich schon **SEHR** viel besser aussieht. Ganz im Gegensatz zu Papa.
Sein Gesichtsausdruck wechselt so schnell zwischen Besorgnis und Freude, dass ich mir in diesem Moment mehr Sorgen um **IHN** mache als um Juli.
„Und ... äh, wer ist der Vater?!", fragt Papa nun, und die Tierärztin lacht laut auf.
„Na, da rechnen Sie am besten mal elf Monate zurück. Ich nehme an, Juli hatte im vergangenen Sommer einen festen Freund?"
Während ich noch rechne, schlägt Anna sich bereits mit der flachen Hand vor die Stirn.
„Blacky", stößt sie hervor, und Max nickt vielsagend.

Auweia, denke ich, **Blacky das Monster!**
Und wie auf ein Stichwort hören wir plötzlich hinter uns ein vertrautes Geräusch: das Klappern von Hufeisen ...

Das Hufgetrappel wird immer lauter, und wir recken nun alle unsere Hälse in Richtung Straße.

kreischt Anna und wirbelt herum.
TATSÄCHLICH! Vor Herrn Hoppes Kutsche, die gerade in unsere Einfahrt einbiegt, laufen Blacky und Bella – unsere beiden Ferienponys!
Und auch mit dabei sind:
Svenja und Matthis.

Das gibt's doch nicht!

Ich drehe mich ruckartig zu Mama um, die mich breit angrinst.

„Überraschung", sagt sie und winkt Herrn Hoppe zu, der Svenja gerade aus der Kutsche hilft. Wenig später springt Anna auch schon mit Blacky über den Zaun. „Ich flipp aus!", ruft sie, und auch Juli flippt **TOTAL** aus. Sie freut sich so sehr Blacky wiederzusehen, dass man ihr den Schwächeanfall von vorhin **GAR** nicht mehr ansieht.

„Ob Blacky wohl weiß, dass er Vater wird?", frage ich mich laut, und Svenja entfährt ein Schrei.

„Waaaas?!", schreit sie. „Christian! Hast du das gewusst?!"

Herr Hoppe schüttelt den Kopf. Dann strahlt er uns an und klopft so heftig auf Papas Schulter, dass der ein wenig in die Knie geht und hustet.

„Das gibt's doch nicht!", ruft Matthis. Er starrt Blacky und Juli an, die sich gegenüberstehen und sanft ihre Nasen aneinanderreiben.

„Muss Liebe schön sein", murmelt Svenja und stupst Herrn Hoppe in die Seite. Die beiden kichern wie kleine Kinder, und ich glaube, dass auch **SIE** ganz schön froh sind, einander wiederzusehen!

„Was **MACHT** ihr denn eigentlich hier?!", fragt Anna jetzt in die andächtige Stille hinein, und Matthis kratzt sich am Bart.
„Na, wir ham gehört, dass es hier heute 'ne Party geben soll", meint er und zwinkert Mama zu, die zufrieden lächelt.
„Und da wollten wir natürlich nicht fehlen", ergänzt Svenja.
„Nicht so wie die anderen Gäste", kichere ich, und noch im selben Augenblick kläfft Watson plötzlich los, und Lennon biegt in unsere Einfahrt ein.
„Hier bist du!", ruft er und schwenkt Watsons Leine (samt Halsband) durch die Luft. „Hab ich's mir doch gedacht. Sorry, Max! – Er hat sich einfach losgerissen!"

Lennon! Den hatten wir ja **TOTAL** vergessen!

„Was ist denn **HIER** los?", fragt Lennon jetzt ganz irritiert und sieht die Tierärztin an. „Ist jemand krank?"
„Nicht wirklich ...", sage ich, und Anna fällt mir ins Wort.
„Juli bekommt ein Fohlen!", kreischt sie.
Lennon reißt die Augen auf.

„Cool!“, ruft er. „**JETZT?!**“

Wir sehen nun alle die Tierärztin an, die das ganze Treiben belustigt verfolgt hat. Sie schüttelt den Kopf.

„Ich denke, in ein bis zwei Wochen ist es soweit“, meint sie und zwinkert mir zu. „Aber eins würde mich jetzt doch mal interessieren:

Habt ihr denn wirklich **GAR** nichts bemerkt von Julis Trächtigkeit**?!**“

Wir sehen uns alle an, und ich schüttle den Kopf.

„Nicht wirklich“, gebe ich zu.

„Kein ungewöhnliches Verhalten?“

„**Doch, klar!**“, rufen Anna und Papa wie aus einem Mund.

„Aber Juli verhält sich ja **IMMER** ungewöhnlich“, gebe ich sofort zu bedenken, und alle nicken eifrig.

Auch Watson.

Der kleine Hund bellt zustimmend, und alle sehen nun dabei zu, **wie er sich wieder an Julis Bauch kuschelt.**

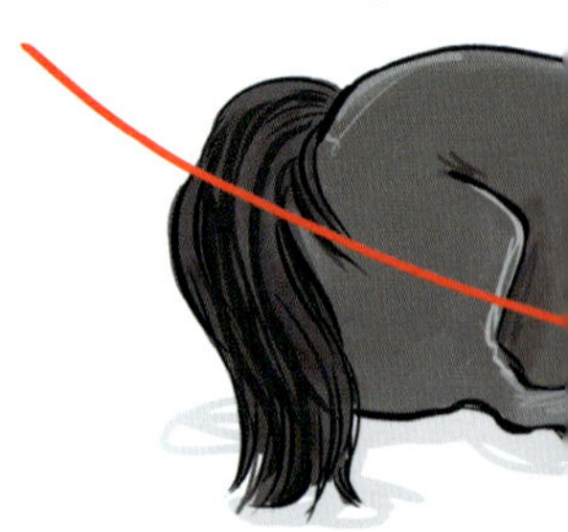

„Nur Watson hat es wahrscheinlich die ganze Zeit über gewusst", meint Anna jetzt. „Tiere spüren so was! Wisst ihr noch, wie das bei Emma war?"

Wieder nicken alle eifrig, und Max beugt sich nach unten, um Watson über den Kopf zu streicheln.

„Na, da hast du deinem Namen ja alle Ehre gemacht", meint er, und ich muss kichern.

„Stimmt!"

Der Einzige, der von Anfang an das große Geheimnis durchschaut hat, war **TATSÄCHLICH** Watson, der Meister-Detektiv!

Watson grunzt, dann gibt er ein mächtiges Knurren von sich. Es kommt aus seinem Magen.

„Jemand Lust auf Kuchen?", frage ich in die Runde, und alle lachen.

Und so wird aus dem total verrückten Nachmittag doch noch eine **FETTE** Geburtstagsparty!

Ich habe brasilianische Saft-Cocktails gemixt (natürlich ohne Alkohol), womit wir alle erst einmal auf Juli anstoßen. Und danach noch auf mich und meinen Geburtstag!

Dann spielen wir Fußball.

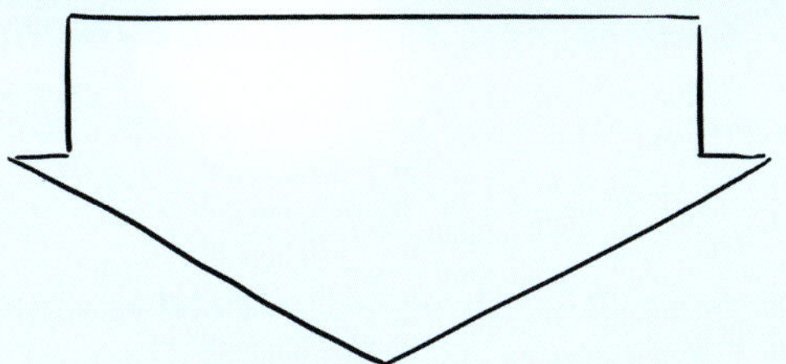

Am Abend sitzen nur noch Anna, Max, Juli und ich unter dem Kastanienbaum und ruhen uns aus.

Watson dagegen ist noch immer unterwegs und macht seinem Namen ein weiteres Mal alle Ehre: Er kläfft wie ein Irrer den Kirschbaum an.

„Was hat er denn jetzt schon wieder?", frage ich, und Anna deutet sprachlos auf den Baum, in dessen Krone sich etwas verfangen hat. **Etwas Buntes ...**

„**BESCHTE** Geburtschtagsch-Party **EVER!!!**",
meint Max wenig später mit vollen Backen.
Er sieht **SEHR** zufrieden aus.
„Allerdings", stimme ich ihm zu, und Anna nickt.

LEGENDÄR!!!

Annas Geburtstag

Nur ein paar Tage später ist dann auch schon Juni, und Anna hat Geburtstag.
Juli und ich singen ihr, gemeinsam mit Max und Watson, ein Ständchen.
Anna ist ganz gerührt.

Zur Feier des Tages hat sie sich extra schick gemacht und trägt ihr Lieblingskleid über einer gestreiften Strumpfhose. Die Haare hat sie mit einem breiten Band zurückgebunden, und die Hände stecken in supercoolen Handschuhen, die ihre Finger freilassen.
„Cool!", ruft Max und bewundert Annas Cowboystiefel.
„Très chic", kommentiere ich auf Französisch, und Anna verbeugt sich.
„Merci. Los, kommt rüber! Es ist schon alles vorbereitet."

Annas Geburtstag ist in diesem Jahr ein Samstag, also findet ihre Party auch **HEUTE** statt.

AN ihrem Geburtstag.

Sie steht unter dem Motto: **PONYHOF**

(das war meine Idee),

und entsprechend ist auch der Garten dekoriert:

Überall liegen Strohballen herum, die Terrasse ist hergerichtet wie ein Saloon aus dem Wilden Westen, und die riesigen Heliumballons haben die Form von Ponys und Pferden in allen Größen und Farben.

Max' Augen leuchten, als wir am Haus ankommen. Annas Eltern haben ein **FETTES** Frühstück auf die Terrasse gezaubert:

Es gibt Joghurt, Früchte, frisch gepresste Säfte, selbst gebackenes Brot, drei verschiedene Sorten Humus und jede Menge Pasten, die Annas Papa selber zusammengemixt hat.

Es ist ein **RICHTIGES FESTESSEN!**

Nach dem Frühstück räumen wir alle den Tisch ab, um ihn danach sofort wieder neu zu decken.
Auf den Tisch kommt nun eine grüne Tischdecke mit lila Hufeisen, frische Teller und Gläser und natürlich der Kuchen (in Pferdeform).

„Haben wir denn jetzt alles?", fragt Annas Mutter, und ich werfe ihr einen eindringlichen Blick zu, der sagt:

NEIN, wir haben noch NICHT alles!!!

Annas Mutter reagiert sofort:
„Ach **JAAA!**", ruft sie und stupst ihren Mann in die Seite, der vor Schreck leicht zusammenzuckt. „Wir haben doch glatt die Geschenke vergessen!"

Annas Papa zwinkert mir zu, verschwindet im Haus und kommt wenig später mit den Geschenken wieder nach draußen.
Max und ich legen unsere Päckchen dazu.
Ich bin **WAHNSINNIG** aufgeregt!
DAS wird die **BESTE** Überraschung **EVER!**

Doch gerade als Anna endlich mein Päckchen auspacken will, klingelt es bereits an der Tür, und die ersten Gäste kommen.

NA TOLL!!!

Die Geschenke sind vergessen.
Spätestens in dem Moment, in dem Lennon nach draußen kommt.

„WATSON!", ruft er und rennt an uns vorbei in den Garten. Alle anderen stürmen ihm nach und laufen dann (mal wieder) dem Hund hinterher.
Nur ich stehe noch immer vor dem Geschenketisch und sehe zu Max rüber, der bereits am Kuchentisch Platz genommen hat.

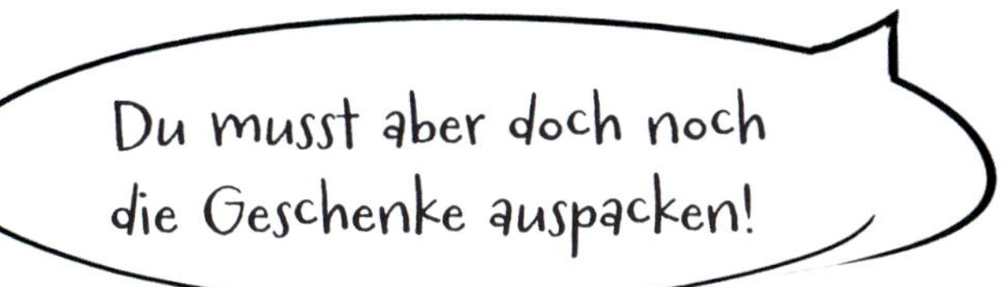

rufe ich noch ins allgemeine Geschrei hinein, dann gebe ich auf.

Ich lasse mich neben Max auf die Bank fallen und nehme mir auch einen Muffin.

Nach dem Kuchenessen ist Anna die ganze Zeit von ihren Freundinnen umzingelt, die ihr die Haare oder Armbänder flechten und wahnsinnig viel erzählen.

Ich dachte ja, Anna redet viel –

aber DAS ist nicht zu toppen!

Und gerade als ich Anna noch einmal daran erinnern will, dass sie jetzt endlich ihre Geschenke auspacken soll ...

... fahren Matthis, Svenja und Herr Hoppe mit der Kutsche vor.

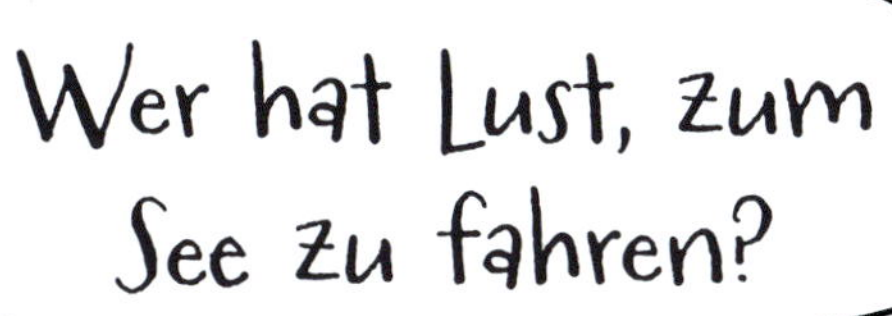

ruft Matthis,

und alle kreischen ein gemeinschaftliches:

IIIIICH!

Es ist ein unvergesslicher und sonniger Nachmittag!

Das Wasser ist **ENDLICH** warm genug zum Schwimmen, und mit den Ponys macht alles noch mal doppelt so viel Spaß wie sonst!

Als wir irgendwann völlig fertig aus dem Wasser kommen, hat Herr Hoppe schon ein kleines Lagerfeuer am Strand vorbereitet, Svenja gießt Punsch in bunte Pappbecher, und Matthis hat ein **FETTES** Picknick aufgetischt. Es ist fast wie im Urlaub!

Erst als die Sonne schon langsam untergeht, fahren wir alle Gäste nach Hause, und am Ende sitzen nur noch Anna, Max und ich hinten auf der Rückbank in der Kutsche.
Max kaut an einem Stockbrot, Anna strahlt übers ganze Gesicht, und ich fühle noch immer die Sonne auf meiner Haut.
Wir könnten glücklicher nicht sein!

Zu Hause angekommen hängen Juli und ich erst mal alle nassen Sachen im Garten auf.

Und genau in dem Moment, in dem **KEINER** mehr dran gedacht hat, höre ich plötzlich Annas Stimme von nebenan:

ACH HERRJE!
Ich muss ja noch die
GESCHENKE
auspacken!

Geschenke

Und dann packt Anna **ENDLICH** ihre Geschenke aus:

Ein Mini-Halfter? fragt sie, wirft das zerfetzte Geschenkpapier hinter sich und legt ihre Stirn in Falten. „Das war bestimmt für die Party gedacht, oder?"
Dann packt sie noch ein Paket aus:

„Ein **EIMER** ?!"

Anna sieht mich irritiert an, und ich sage, dass sie jetzt endlich **MEIN** Geschenk auspacken soll.

Doch gerade als ich es ihr in die Hand drücke, bellt Watson mal wieder los, und Anna lässt mein Geschenk sinken.

bellt Watson und springt wie ein Irrer zwischen unseren Füßen hin und her. Mich **NERVT** die Unterbrechung**!**
„Jetzt nicht", knurre ich, aber Watson bellt immer weiter.
„Was ist denn mit **DEM** los?!", fragt Max und versucht Watson einzufangen, der jetzt hektisch an mir hochspringt.
„Irgendwas hat er …"
ACH.

Anna legt mein Geschenk zur Seite und wird blass.
„JULI", flüstert sie, und ich drehe mich ruckartig um.
„Ach du dickes Ei", presst Max heraus, und ich muss aufpassen, dass ich nicht augenblicklich in Ohnmacht falle …

Auf der Wiese neben unserem Hauptquartier steht Juli, und aus ihrem Hinterteil flutscht gerade ein kleines Pferd ins Leben.

Heiliger Strohsack!

entfährt es Max,

und Anna ruft:

DAS FOHLEN KOMMT!!!

Wenige Minuten später stehen wir alle vor Juli, die gerade ihr Fohlen bekommen hat. Es ist:

UNGLAUBLICH!

Das Fohlen ist winzig (für ein Pferd).
Gerade mal doppelt so groß wie Watson – also ohne Beine.
Die hat es nämlich unter sich eingeklappt und reckt nur seinen Kopf in Richtung Juli, die ihn liebevoll ableckt.
Das Fohlen ist ganz schwarz, nur oben auf dem Kopf hat es einen kleinen weißen Fleck.
„Sieht ein bisschen aus wie Blacky", murmelt Max, und ich nicke zustimmend.
„Ein Rappe."
„Die Farbe muss aber nicht so bleiben", meint Anna, „Schimmel kommen auch ganz schwarz auf die Welt. Die werden erst mit der Zeit weiß."
„Das wusste ich ja gar nicht", murmele ich und starre noch immer gebannt auf das kleine Wunder.

Aus dem Haus hören wir ein Kreischen, dann taucht Mama in der Terrassentür auf.

„**DAS FOHLEN IST DA!**", kreischt sie. „Ruf Christian an! Und Svenja und Matthis! **DU LIEBER HIMMEL!**"

Und – schwupp – steht sie auch schon neben uns.

Und weint.

„Das ist ja so **UNFASSBAR** niedlich!", murmelt Mama verzückt, und wischt sich eine Träne aus dem Augenwinkel.

Annas Eltern klettern gerade über den Zaun, und auch Papa kommt jetzt aus dem Haus.

Er tätschelt Julis Hals und sagt: „Gut gemacht!"

Und dann sind wir alle sprachlos.

Wir starren stumm auf Juli und ihr Fohlen, das ein bisschen so aussieht, als wäre es aus einem Ei geschlüpft.

Am ganzen Körper klebt ein seltsamer Schleim, den ich bestimmt **ULTRA-EKLIG** gefunden hätte, würde er nicht an Julis Fohlen kleben. **NICHTS** kann daran eklig sein!

Das Fohlen ist

Und dann steht das perfekte Fohlen plötzlich auf!

Also, es versucht zumindest aufzustehen …

Juli stützt es mit ihrer Nase unter dem Bauch, das Fohlen wackelt, und seine Beine biegen sich auseinander.
Sie sind **VIEL** zu lang und zu dünn!
Und dann passiert **WIEDER** ein Wunder:
Die Beine halten.

Das Fohlen steht.

Und es macht auch sofort einen kleinen Schritt.
Dann senkt es den Kopf unter Julis Bauch, schiebt ihn darunter und:
trinkt.

Ein wohliges Seufzen geht durch die Menge, und dann kommen auch schon Herr Hoppe, Svenja, Matthis, Bella und Blacky – der stolze Vater!
Bewundernd starrt er das kleine schwarze Fohlen an, das (jetzt mit Beinen) fast schon so groß ist wie er selbst.

„Ist es ein Junge oder ein Mädchen?", fragt Max in die Stille hinein, und wir beugen uns nun alle nach unten, um dem Fohlen zwischen die Beine zu sehen.

rufen wir im Chor.

„Das ist eindeutig das **BESTE** Geburtstagsgeschenk **EVER!**“, meint Anna jetzt, und ich muss hüsteln. Annas Papa sieht mich fragend an.

„Hast du es ihr schon gesagt?!“

Ich schüttle wild den Kopf, und Anna fragt:

„Was denn?“

Nun ist es Annas Papa, der hüstelt, und ich werde ein wenig rot. Dann renne ich, so schnell ich kann, zurück in Annas Garten und hole das Geschenk, das ich für sie gemalt habe.

„Hier, für dich“, sage ich und platze fast vor Aufregung!

Anna lächelt, dann zieht sie die lilafarbene Schleife ab und rollt mein Bild auseinander:

„Die Farbe hatte ich nur geraten", sage ich, und Anna blinzelt. Sie starrt auf die Zeichnung.
„Natürlich gehört er eigentlich sich selber ...", setze ich noch nach, aber weiter komme ich nicht.

Als Anna mich wieder loslässt, hat auch Max verstanden, worum es hier gerade geht.
„Dann haben wir ja jetzt **ALLE** ein Tier, um das wir uns kümmern können", stellt er zufrieden fest und grinst mich an.

„Wisst ihr denn schon, wie er heißen soll?", fragt jetzt Herr Hoppe, und alle sehen zu mir.
„Ich finde, Anna sollte das entscheiden", sage ich.
Und dann sehen alle Anna an, die noch immer auf mein Bild starrt.
„Ich glaub das alles noch gar nicht", presst Anna jetzt heraus und sieht Hilfe suchend zu Max rüber, der ihr aufmunternd zunickt.

sage ich, „wie soll er heißen?"

Auch das kleine Pferd ohne Namen sieht Anna nun an.
Dann macht es einen wackligen Schritt in ihre Richtung.
Und noch einen und noch einen …

Anna läuft eine Träne über das Gesicht, und ihr Lächeln ist so schön, dass mir ganz warm wird im Herzen.
„Juno", flüstert sie und streichelt sanft über die winzige Pferdenase.
Juli schnaubt zustimmend, Blacky nickt, und Juno wiehert zufrieden. Es klingt wie:

„Na, dann hätten wir das ja auch geklärt", sagt Annas Papa und streichelt nun auch vorsichtig über Junos Nase.

Herzlich willkommen
in der Familie, kleiner **JUNO!**

Post aus Brasilien

Wir haben Juno noch am selben Tag in unsere Bande aufgenommen. Und Watson natürlich auch!

Anna, Max und ich haben gemeinsam ein neues Logo entworfen und das auch direkt auf unsere Fahne draufgemalt:

Annas Vater hat mit Papa und Herrn Hoppe unser Hauptquartier vergrößert und einen extra breiten Stall gebaut, in den Juli **UND** Juno gemeinsam reinpassen.

Den Zaun zwischen unseren beiden Gärten haben wir vorher noch eingerissen, damit die Tiere mehr Auslauf haben.
Alle **DREI!**
(oder manchmal auch vier ...)

Juno und Watson sind jetzt die allerbesten Freunde.

Und dank Juno ist der Hund auch endlich einmal ausgelastet.

Watson hat jetzt gar keine Zeit mehr, irgendetwas kaputt zu beißen, und in unser Hauptquartier hat er auch nie wieder gepinkelt.

Juno leider schon …

Aber (genauso wie Juli) hat auch Juno **DEN BLICK.** Und so kann man ihm auch **NIE** lange böse sein.

Watson hat den übrigens mindestens genauso gut drauf. . . . .

Der kleine freche Hund gehört nun (genauso wie Juno und Juli) nicht nur zu unserer Bande, sondern auch zur Familie. Und ich muss sagen, dass ich ihn **RICHTIG** lieb gewonnen habe!

Jedes Mal, wenn ich die Postkarte sehe, die mir Max' Oma (wie versprochen) aus Brasilien geschickt hat, zieht es in meinem Magen. – Genauso wie vor meinem Geburtstag, als ich Max und Anna so vermisst habe. Zwar ist Watson noch immer bei uns, aber allein die Vorstellung, dass Max' Oma ihn irgendwann wieder abholt, fühlt sich ein bisschen wie Vermissen an …

Juli wiehert, und in der Ferne höre ich Watson bellen. Keine Minute später biegt Max auch schon in unsere Einfahrt ein.
Er ist knallrot im Gesicht und keucht so heftig, dass er kaum sprechen kann.
„Ich hab … Post", keucht er und hält mir eine Postkarte unter die Nase.
Ich schlucke.

„Aus Brasilien", murmele ich, und Max nickt. Er verzieht das Gesicht und sieht auf einmal sehr blass aus. Er hustet.

„Lesen", hustet er.

Also lese ich:

Lieber Max,
wie ich gehört habe, geht es Euch allen blendend und Watson hat bereits ein paar neue Freunde gefunden. Das freut mich sehr!

Uns geht es auch gut. Und zwar so gut, dass wir beschlossen haben, hier in Brasilien zu bleiben. Das Klima ist ganz hervorragend.

Da Watson aber die Hitze nicht so gut verträgt, wollen wir dich bitten, auch weiterhin für ihn zu sorgen. Ich bin mir sicher, das wird ihn freuen. Und dich hoffentlich auch!

Fühlt Euch alle von Herzen gedrückt,
Deine Oma

„Hab ich richtig gehört?", quietscht Anna, die ihren Kopf durchs Budenfenster gesteckt hat. „Deine Oma wandert **AUS?!** – Wie cool ist **DAS** denn bitte?!"

Max strahlt übers ganze Gesicht.

„Tja, Oma ist eben **IMMER** für eine Überraschung gut!"

„Genauso wie Juli", ergänzt Anna, und wie zur Bestätigung wiehert Juli ein lang gezogenes:

Juno und Watson stimmen sofort mit ein,

und **ICH** wiederhole, was Max' Oma einmal gesagt hat:

Was wäre das Leben ohne Überraschungen?!

HAPPY
EPILOG

BIRTHDAY
JULI

PETRA EIMER hat schon als Kind gerne gezeichnet. Am liebsten Pferde. Und Menschen. Und Bäume.
In ihrer Heimatstadt Köln war sie fast nur mit dem Fahrrad unterwegs und hat eher selten Pferde gesehen. (Schade eigentlich.)
Nach der Geburt ihres Sohnes (Paul) illustrierte sie viele Kinderbücher und wollte dann gerne selbst auch mal eins schreiben. (Oder zwei oder drei oder vier ...)
Sie kaufte ein Haus in der Eifel und eine Katze, die gerne ausbüxt und sich in fremden Gärten herumtreibt.

DANKE

AN:

PAUL & JULI

DANKE PAPA, FÜR DEINE GRENZENLOSE LIEBE, DIE IN ALL MEINEN GESCHICHTEN MITSCHWINGT. DANKE AN MIA UND JUNO FÜR DIE TOLLEN BILDER! UND 1000 DANK AN DAS GESAMTE BAUMHAUS-TEAM, DIE BAUMHAUSBANDE, MEINE FAMILIE, FREUNDE & AN ALLE, DIE JULI LIEBEN UND LESEN!!!

JULI GIBT ES ÜBRIGENS WIRKLICH!!!

(UND PAUL AUCH)

UND DANN KAM JULI

ISBN: 978-3-8339-0658-9
14,- €
Auch als Hörbuch erhältlich.

WEIHNACHTEN MIT JULI

ISBN: 978-3-8339-0676-3
14,- €
Auch als Hörbuch erhältlich.

FERIEN MIT JULI

ISBN: 978-3-8339-0718-0
14,- €
Auch als Hörbuch erhältlich.

UND WAS IST SONST NOCH SO PASSIERT?

GEBURTSTAG(E) MIT JULI

ISBN: 978-3-8339-0768-5
14,- €
Auch als Hörbuch erhältlich.

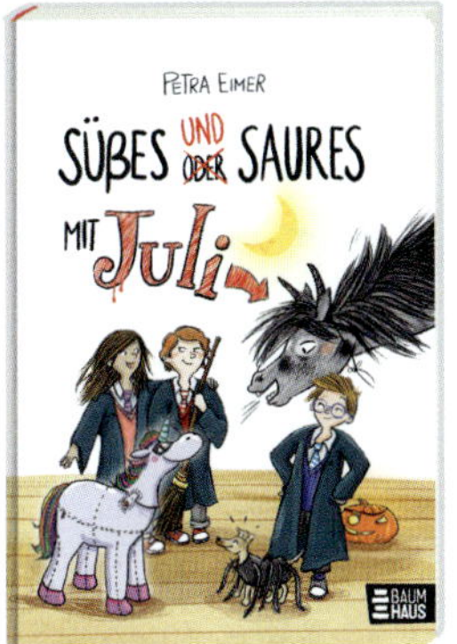

SÜßES UND SAURES MIT JULI

ISBN: 978-3-8339-0930-6
14,- €
Auch als Hörbuch erhältlich.

SCHULE MIT JULI

ISBN: 978-3-8339-1024-1
14,- €
Auch als Hörbuch erhältlich.

ZEICHENVIDEOS, EIN MUSIKVIDEO UND VIELES MEHR FINDET IHR HIER:

ZELTEN MIT JULI

ISBN: 978-3-8339-1116-3
14,- €

JULI FREUNDEBUCH

ISBN: 978-3-8339-0879-8
12,- €

Zum Ausmalen

Basteltipps und Infos rund um die JULI-BÜCHER, JULI-Zeichenvideos, ein Musikvideo (von Paul), BuchTipps & vieles mehr gibt es hier: www.baumhausbande.com/juli

Originalausgabe

Bei Fragen zur Produktsicherheit wenden Sie sich bitte an:
produktsicherheit@bastei-luebbe.de

Umschlaggestaltung und Satz: Petra Eimer
Illustrationen: Petra Eimer
Gesetzt aus der Weiss
Druck und Einband: DRUK-INTRO SA

Printed in Poland
ISBN 978-3-8339-0768-5

5 4 3

Fotos: © Tomas Rodriguez, Köln (tomasrodriguez.de)
Fotos Juli/Danksagung Juli: © Petra Eimer
Bild Paul (Geschenk Max) und Bild auf Fahne: © Paul Eimer

Noch mehr tolle Bücher, viele Videos und Ideen zum Basteln, Rätseln, Backen, Zeichnen und Spielen gibt's hier: baumhausbande.com

IIIHHHHHHH!
ZZZZZZZZ